ening

ne

he

a al

Thomas Kerstan
Was unsere Kinder wissen müssen

THOMAS KERSTAN

WAS UNSERE KINDER WISSEN MÜSSEN

EIN KANON FÜR DAS 21. JAHRHUNDERT

Bibliografische Information der Deutschen Nationalbibliothek

Die Deutsche Nationalbibliothek verzeichnet diese Publikation
in der Deutschen Nationalbibliografie; detaillierte bibliografische
Daten sind im Internet unter http://dnb.d-nb.de abrufbar.

Umschlag: Groothuis. www.groothuis.de
Umschlagfoto: Getty Images / Beckett Gladney
Herstellung: Das Herstellungsbüro, Hamburg |
www.buch-herstellungsbuero.de
Druck und Bindung: CPI – Clausen & Bosse, Leck
Printed in Germany

ISBN 978-3-89684-263-3

www.edition-koerber.de

Für Imke, Vincent und Christoph

Inhalt

Vorwort

Omnes omnia omnino.
Alle alles in Rücksicht auf das Ganze lehren
JOHANN A. COMENIUS

Dieses Buch entspringt einer Hybris. Ich kann nur hoffen, dass Sie mir die meine verzeihen und Ihrerseits in fröhlicher Selbstüberschätzung zum Gelingen einer Aufgabe beitragen, die eigentlich unlösbar ist: herauszufinden, welche Bildung unsere Kinder brauchen, damit sie für ihr künftiges Leben gut gewappnet sind.

Zwar kennen wir so leidlich und aus unterschiedlichen Perspektiven die Welt von heute, doch bei der Welt von gestern wird es schon schwieriger: Wir sind auf Überlieferungen angewiesen, die zwangsläufig ein verzerrtes Bild zeichnen. Die Welt von morgen jedoch können wir nur erahnen. Insofern ist alles, was wir unseren Kindern beibringen, eine Wette auf eine Zukunft, die offen ist.

Das beginnt bei ganz fundamentalen Fragen: Wie zum Beispiel sollen unsere Kinder eigentlich schreiben lernen? Sollen sie Schreibschrift üben, vielleicht sogar Schönschrift, oder reicht die profane Druckschrift? Darüber wird unter Lehrern, Eltern und Experten immer wieder leidenschaftlich gestritten. Nun habe ich erlebt, wie unser jüngster Sohn in der Schule zusätzlich das Zehnfingersystem am Computer gelernt hat. Ich war zunächst skeptisch, aber seitdem tippt er seine Referate verdammt schnell in den Rechner. Wäre es vielleicht sogar sinnvoll, ging es mir durch den Kopf, das zum neuen Standard zu erheben? Gleichzeitig werden die Diktiersysteme immer leistungsfähiger; wer weiß, wie lange der Mensch noch umständlich Buchstaben in eine Tastatur tippen muss? Noch weiter gedacht: Wie ist es überhaupt um die Zukunft der Schrift bestellt, wenn wir uns jetzt schon über Voice-Mails und Skype verständigen können? Was, wenn wir Geräte durch Mimik, Gestik oder allein durch unsere Gedanken steuern können? Ist »Geräte steuern« künftig überhaupt noch das richtige Bild, oder verschmelzen wir zu einem gewissen Grade mit den Apparaten?

Sie merken schon: Wer in dieser Debatte einen Pflock einschlagen will, der spürt schnell, wie instabil der Grund ist. Also bleibt uns nichts anderes übrig, als den Sprung ins Offene zu wagen, zu spekulieren, auszuprobieren, wohl auch übermütig zu sein. Zugleich zeigt der Streit um die Schreibschrift, wie stark die Kraft der Tradition in der Bildung wirkt. Schönschrift fördert die Feinmotorik, sie steht für Konzentration und Ästhetik. Wer etwas Neues will, der muss dieses Positive mitnehmen oder seinen Liebhabern eine attraktive Alternative bieten. Sonst wird er zu Recht scheitern. Die Tradition fest im Blick zu haben, ist auch deswegen sinnvoll, weil sie die vertrauten Muster liefert, auf die wir im Zweifel zurückgreifen. Sie ist der Anker, der uns Halt gibt, und sie liefert das Baumaterial, aus dem die Zukunft gestaltet wird.

Deshalb soll dieses Buch, dieser Kanon, das Alte, das Vorhandene versammeln, das unsere Kinder für morgen brauchen. Ich habe hier einhundert Bücher, Musikstücke, Gemälde, Filme, Gedichte und andere Werke zusammengestellt, die meines Erachtens jeder kennen sollte, von einer Kurzfassung der homerischen Epen über Chuck Berrys *Johnny B. Goode* bis zum Film *Das Leben der Anderen*.

Ich bin kein Erziehungswissenschaftler und kein Lehrplanexperte, sondern Journalist, der seit gut zwanzig Jahren das Bildungswesen beobachtet. Diesen Kanon habe ich als interessierter Bürger zusammengetragen, dem der Nachwuchs, dem die Schule, dem aber vor allem der Zusammenhalt der Gesellschaft wichtig ist. Und dort, in der Gesellschaft, nicht nur in Expertenzirkeln, muss die Debatte darum, was unsere Kinder (und wir selbst) wissen müssen, geführt werden. Dieser Kanon ist selbstverständlich kein Dogma. Aber er ist ein ernst gemeintes Angebot für einen gemeinsamen Grundstock der Allgemeinbildung. Ich bin der festen Überzeugung, dass unsere bewegte Gesellschaft dringender denn je eine gemeinsame Wissensbasis braucht – vor allem, um besser miteinander ins Gespräch zu kommen. Was genau dazu gehört, darüber lässt sich trefflich streiten. Dass aber ein klar umrissener Fundus nötig ist, das steht für mich außer Frage – warum ich davon überzeugt bin und wieso ich der Bildungsdebatte eine Rückkehr zu den Inhalten wünsche, möchte ich Ihnen im ersten Kapitel näher erklären.

Um einen Allgemeinbildungskanon, den ich nach vier unterschiedlichen Arten des Weltzugangs geordnet habe, wird es in den vier anschließenden Kapiteln gehen. Wenn ich Sie damit zum Nachdenken anrege, gern auch zum Widerspruch, dann freue ich mich. Nur langweilen sollen Sie sich nicht.

Viel Vergnügen beim Lesen!

Zurück zu den Inhalten!

Warum wir neu über die Allgemeinbildung verhandeln müssen

Was sollen unsere Kinder eigentlich lernen? Mit diesem Buch möchte ich Sie dazu einladen, darüber einmal mit frischem Mut nachzudenken.

Wir brauchen eine lebendige Bildungsdebatte, denn die Welt sortiert sich gerade neu und lässt dabei auch die Schulen und Familien nicht außen vor. Damit der Diskurs nicht abstrakt und blutleer wird, habe ich zum Anfüttern einen Kanon aus einhundert Büchern, Filmen und Kunstwerken zusammengestellt: Werke, die ich für die Grundlage einer modernen Allgemeinbildung halte.

Damit möchte ich einen Gedankenaustausch anregen, der sich um Inhalte dreht statt um Strukturen; der Freude bereitet, weil er nach vorn gerichtet ist. Denn ehrlich gesagt ist mir die deutsche Bildungsdebatte oft zu miesepetrig und alarmistisch. Nein, unseren Kindern droht keine »Erziehungskatastrophe«, die Politik fährt auch nicht die »Bildungsrepublik gegen die Wand«, und unsere Schulen sind keine »Lernfabriken, die die Kreativität töten« – auch wenn es Bücher mit derart steilen Thesen immer wieder auf die Bestsellerlisten schaffen.

Es gibt an den Schulen wahrlich viel zu kritisieren, auch an den Eltern und meinetwegen den Kindern, aber in seiner überwältigenden Mehrheit landet der Nachwuchs erfolgreich im Beruf, gründet Familien, ist weltoffen und steht treu zu den demokratischen Werten und Normen, wie sie im Grundgesetz verankert sind. Wenn morgens um acht im ganzen Land die Schulglocken klingeln, dann wird damit nicht der Untergang des Abendlandes eingeläutet. Stattdessen beginnt ein überwiegend lehrreicher Tag für die gut acht Millionen deutschen Schülerinnen und Schüler. Dass unser Land ökonomisch und politisch vergleichsweise gut dasteht, verdankt es auch den oft gescholtenen Familien und Schulen.

Auf dieser Grundlage können wir ganz gelassen, aber hoffentlich dennoch engagiert, über die Allgemeinbildung für morgen nachdenken. Bevor ich Sie mit meinem Kanon bekannt mache, möchte ich Ihnen in zehn Thesen darlegen, welche bildungspolitischen Überlegungen ihm zugrunde liegen:

Erstens: Schluss mit dem öden Streit um Strukturen!

Seit Jahren, nein, seit Jahrzehnten kreist die deutsche Bildungsdebatte um Strukturen, um Formales, um Äußerlichkeiten. Wie öde und wie nutzlos! Brauchen wir Gesamtschulen? Oder fördert die Aufteilung auf Hauptschulen, Realschulen und Gymnasien Kinder besser? Darüber wurde Ende des vergangenen Jahrhunderts zwischen Union und SPD erbittert gestritten, und in abgeschwächter Form wird diese Debatte noch heute fortgesetzt. Die Existenz des Gymnasiums wird zwar von keinem ernst zu nehmenden Politiker mehr infrage gestellt, aber eine Volksabstimmung über die Frage, ob die Hamburger Kinder sechs statt vier Jahre gemeinsam die Grundschule besuchen sollen (»länger gemeinsam lernen«)*, hat noch vor wenigen Jahren die schwarz-grüne Regierung weggefegt. Und ob nun neben den Gymnasien Gemeinschaftsschulen, Realschulen, Oberschulen oder was auch immer existieren sollten, darüber streiten sich die Parteien weiterhin. Dabei haben Bildungsforscher wieder und wieder nachgewiesen, dass die Schulform kaum Einfluss darauf hat, wie gut die Schüler lernen. Viel wichtiger für deren Leistung sei die Qualität des Unterrichts und also die Qualität der Lehrer. Wie Studien zeigen, ist an den Schulen das Unsichtbare wichtiger für den Lernerfolg der Schüler als das Sichtbare. Was tragischerweise ein Problem für Politiker ist: Wie soll man über das Wichtige streiten, wenn es unsichtbar ist?

Umso freudiger stürzten sich die Parteien (und zwar in jedem Bundesland unterschiedliche) in den Landtagswahlkämpfen auf ein Schulthema, das man sehen und anfassen kann: die Rücknahme der Gymnasialzeitverkürzung (G8) – nachdem sie sie vorher in fast allen westdeutschen Ländern einträchtig eingeführt hatten. Auch dies übrigens gegen den Rat der meisten Bildungsforscher, die keinen Leistungsunterschied zwischen den G8- und G9-Schülern feststellen konnten. Eigentlich wäre die Einführung von

---

* Um der besseren Lesbarkeit willen habe ich im gesamten Text auf die Einzelnachweise von Zitaten, aber auch von Zahlen und statistischen Zusammenhängen sowie auf Quellenangaben zu den Werken verzichtet. Es ist mir wichtiger, dass Sie dieses Buch gern und zügig lesen können, als dass ich wissenschaftlichen Ansprüchen genügen möchte.

G8 vor ein paar Jahren ja der perfekte Anlass für eine große inhaltliche Debatte gewesen. Was gehört denn nun zum Kerncurriculum? Welche Themen sind nicht so wichtig und können aus dem Lehrplan gestrichen werden? Welche neuen Entwicklungen müssen aufgegriffen werden? Stattdessen wurde in den meisten Ländern die Reform vermurkst und das G9-Pensum einfach in acht Jahre gestopft. Über Inhalte wird nur alle Jubeljahre diskutiert, wenn ein Thema mit Skandalisierungspotenzial aufblitzt, wie beim Streit um die Toleranz für sexuelle Vielfalt im Bildungsplan in Baden-Württemberg.

Auch das große Streitthema der Hochschulpolitik, der sogenannte Bologna-Prozess, machte sich an einer formalen Veränderung fest: die Umwandlung der Diplom- und Magisterstudiengänge in zweistufige Bachelor- und Masterstudiengänge. Ein wichtiges Ziel dieser Reform war es, die Lehre zu verbessern, weniger Studenten ohne Abschluss von der Uni ziehen zu lassen. Auch hier hätte die große Chance darin gelegen, grundlegend über die inhaltliche Gestaltung der Studiengänge nachzudenken. Stattdessen haben auch hier viele Professoren die von ihnen gehasste Reform gequält umgesetzt und vielerorts nur den alten Wein in neue Schläuche gefüllt.

Man reibt sich die Augen, wenn man gewahr wird, dass bei diesen aufwendigen Reformen und aufwühlenden Debatten die Lehrinhalte nur eine untergeordnete Rolle gespielt haben. Und das beim Thema Bildung, dessen Bedeutung in jeder Sonntagsrede betont wird! Das muss sich ändern.

Zweitens: In Zeiten von Google & Co. ist Wissen wichtiger denn je

Es ist ein gängiger Irrglaube, dass in Zeiten von Suchmaschinen wie Google das Wissen weniger wichtig sei als früher. Von wegen. Wie soll denn jemand, der nichts von der Französischen Revolution weiß, danach googeln, wer sie anführte? Wer beim Silicon Valley an Silikon statt an Silizium denkt, für den kann es richtig peinlich werden. Und wer Mittelwert und Median nicht unterscheiden kann, der ist mit kruden Statistiken leicht hinter die Fichte zu führen. Nur wer über ein solides Wissensgerüst verfügt, der kann sich aus der Nachrichtenflut das Wichtige und Richtige herausfischen, der kann neue Erkenntnisse einordnen und vermag die richtigen Fragen zu stellen.

Deshalb gehört die Vermittlung von Wissen oder von »Stoff«, um das böse Wort zu benutzen, zu den Kernaufgaben der Schule, und auch Familien haben einen wichtigen Anteil an der Wissensvermittlung. So schön das bildungsromantische Bonmot »Gute Lehrer unterrichten keine Fächer, sondern Kinder« auch klingt – die verbreitete Denkweise, Stoff, Wissen und Kenntnisse des Fachs seien sekundär, hat einigen Schaden unter den Kindern angerichtet. Inzwischen belegen mehrere Studien, dass die Schüler bei Lehrern, die ihr Fach beherrschen, einfach mehr lernen. Fachfremder Unterricht ist als eine Ursache schlechter Schülerleistungen inzwischen diagnostiziert. Das Fachstudium muss also für Lehrer aller Schularten einen höheren Stellenwert bekommen.

Nun macht gerade ein neues Wort die Runde, nicht in der Öffentlichkeit, aber unter Fachdidaktikern, Schulpolitikern und Kultusbeamten. Das Wort lautet: Kompetenzorientierung. Fächerübergreifend hat es schon Einzug in die Lehrpläne der Republik gehalten. Es ist eine Reaktion unter anderem auf die Pisa-Studie, mit der die Leistungen der Schüler international verglichen wurden. Die Studie zeigte unter anderem, dass die deutschen Schüler zwar über ein relativ gutes Fachwissen verfügten, aber dieses Wissen nicht optimal in der Praxis anwenden könnten. In Mathematik etwa können sie die Koordinaten eines an einer Gerade gespiegelten Dreiecks angeben, sind aber nicht so fit wie andere darin, anhand eines Grundrisses die Quadratmeterzahl einer Wohnung zu berechnen. Grob gesagt (liebe Wissenschaftler, bitte einmal wegschauen!): Sie wissen viel, aber sie können nicht so viel. Deshalb soll nun an den Schulen mehr auf das Können Wert gelegt werden. Ganz praktisch sieht man das Prinzip beim Englischunterricht: Während früher mehr Grammatik gepaukt wurde, steht heutzutage das Sprechen im Mittelpunkt. Nur wird dadurch die Wissensvermittlung nicht unwichtiger, denn die geforderten Kompetenzen umfassen eigentlich das Wissen und das Können. Wer gut Englisch sprechen will, der kommt halt ums Vokabelnpauken nicht herum. Oder, mit den Worten eines Mathematikdidaktikers: »Kompetenz ohne Fachwissen ist wie Stricken ohne Wolle.«

Wer sich des Beifalls sicher sein will, der sagt mit möglichst großer Geste, dass wir den Kindern »mehr als Wissen« beibringen müssen. Erst kürzlich sah ich in der Tagesschau einen Auftritt von Jack Ma, dem Chef des chinesischen Digitalriesen Alibaba. Wenn unsere Kinder den Kampf gegen die Maschinen gewinnen sollen, sagte er, dann müssten die Lehrer aufhören, ihnen lediglich Wissen zu vermitteln. Kinder sollten etwas Einzigartiges lernen: »Werte, Überzeugung, unabhängiges Denken, Teamwork, Mitgefühl«. Das sei nicht über Wissen vermittelbar. Stattdessen sollten die

Kinder in Sport, Musik und Malerei ausgebildet werden. So stellten wir sicher, dass Menschen anders blieben als Maschinen und nicht von ihnen abgelöst würden. Sicher ist an dieser Mahnung etwas dran. Ich sehe nur, zumindest für Deutschland, die Gefahr, dass durch die regelmäßigen »Mehr als Wissen vermitteln«-Appelle die Wissensvermittlung an Ansehen und Bedeutung verliert. Mit Stricken ohne Wolle werden wir den Wettbewerb mit den Maschinen sicher auch nicht gewinnen. Deswegen ist mir wichtig zu betonen: »Mehr als Wissen« lernen die Kinder nur auf der Basis eines soliden Wissens. Wissen ist die Grundlage für die Steigerungsform »mehr als Wissen«.

Drittens: Wir sind ein Volk – in einer neuen Welt

Kein noch so solides Wissensgerüst hält für die Ewigkeit. Sicher, an Gemälden des Renaissance-Stars Sandro Botticelli erfreuen sich Menschen schon seit Jahrhunderten, und auch die Hauptsätze der Thermodynamik werden wohl weiterhin Bestand haben. Aber es gibt einige Werke und Erkenntnisse aus den vergangenen Jahrzehnten und Jahrhunderten, die neu entdeckt und bedacht werden müssen, um kaum absehbaren Entwicklungen gerecht zu werden und unsere Welt besser zu begreifen. Die Globalisierung zum Beispiel erfordert es, uns intensiver mit den Kulturen anderer Länder zu befassen, die für uns an Bedeutung gewinnen. Nur so können wir uns in unserer Welt verorten und begreifen; nur so können wir aber auch gefährliche Konflikte verstehen und entschärfen. Die Einwanderung von Arbeitsmigranten, Flüchtlingen und Asylberechtigten – sie zwingt uns dazu, uns mit dem kulturellen Hintergrund jener zu befassen, die neu in unserem Land sind, die es bereichern, aber auch belasten können. Es ist doch verrückt: Erst mit der Pisa-Studie Anfang des Jahrtausends wurde für alle manifest, dass Deutschland ein Einwanderungsland ist, denn erstmals wurde mit dieser Studie der Migrationshintergrund der Schüler genau erfasst. Erst seit dem Jahr 2005 werden die entsprechenden Daten dann auch im Mikrozensus erhoben, der jährlichen Minivolkszählung. Wir haben also reichlich Nachholbedarf, uns als Einwanderungsland einzurichten, weil diese Tatsache vielen Menschen erst spät bewusst geworden ist. Mit der sogenannten Flüchtlingskrise hat das Thema noch einmal an Dramatik gewonnen. Und es wäre naiv zu glauben, dass der Druck in den kommenden Jahren abnehmen wird.

Und so, wie wir Alteingesessenen uns mit der Kultur der Neuen befassen sollten, müssen auch unsere neuen Mitbürger die Möglichkeit haben – und sie haben meines Erachtens auch die Pflicht dazu –, sich mit den Grundpfeilern unserer Kultur zu beschäftigen. Sie sollten sie möglichst (und von uns unterstützt) schätzen lernen und nach und nach auch als die ihre annehmen – wobei natürlich auch die Kultur der Neuen ihrerseits auf unsere Kultur abfärbt. Dieses gegenseitige Kennenlernen wird nicht ohne Konflikte verlaufen. Wichtig sind dabei gegenseitiger Respekt und die Anerkennung, dass die im Grundgesetz verankerten Werte und Normen für alle der Maßstab sind. Nicht zuletzt sind wir alle gut beraten, uns unserer nationalen Identität in einem geeinten Europa und einer bewegen Welt zu vergewissern. Wie schwierig das ist, zeigt sich auch darin, dass unser Land nach fast dreißig Jahren die Wiedervereinigung noch nicht verdaut hat. Ost- und Westdeutsche haben noch immer einen Nachholbedarf im gegenseitigen

Kennenlernen. Wer sich seiner eigenen kulturellen Wurzeln nicht bewusst ist, der kann nicht standfest und tolerant dem Neuen und Fremden gegenüber auftreten. Wir merken ja gerade, wie wir mit einigen europäischen Nachbarn und der Welt fremdeln (und sie mit uns) und wie auch in unserem Land politisch einiges ins Rutschen kommt. Es wäre fahrlässig, wenn wir nicht alles täten, um jederzeit festen Boden unter den Füßen zu behalten.

Viertens: Programmierkenntnisse reichen nicht, um die Digitalisierung zu meistern

Das Thema ist so wichtig, und doch mag man das Wort inzwischen nicht mehr hören: Digitalisierung, manche sagen auch, was ich schöner finde, digitaler Wandel. Klar ist, dass die digitale Technik die Unternehmen, die Wissenschaft und unsere ganze Gesellschaft umkrempeln wird. Dabei teile ich die Einschätzung des amerikanischen Zukunftsforschers Roy Amara: »Wir neigen dazu, die Wirkung einer Technologie kurzfristig zu überschätzen und auf lange Sicht zu unterschätzen.« Das Computerzeitalter hat ja gerade erst begonnen, es ist noch in seiner Frühphase. Und bedenken wir, welche Beben etwa das Internet schon ausgelöst hat oder wie Smartphones und die sogenannten sozialen Netzwerke bis in unser Privatleben, in Familien und Partnerschaften hineinregieren. Da erscheinen mir viele Vorschläge, wie die Schulen der Digitalisierung begegnen sollen, läppisch. Gegen den Einsatz von mehr digitalen Medien im Unterricht ist nichts einzuwenden, aber dazu gehört nicht nur eine zeitgemäße technische Ausrüstung (und wer sich den Computerschrott in den Kellern vieler

Schulen anschaut, der weiß, wie schnell die veralten), dazu gehören vor allem vernünftige pädagogische Konzepte. Auch die Forderung, Programmiersprachen zu unterrichten, greift zu kurz. Sicher ist es wichtig, eine Grundidee vom Aufbau eines Computerprogramms zu bekommen. Und sicher ist übers Programmieren ein unkomplizierter Zugang zur neuen Technik möglich, kann sogar, was ich toll fände, Begeisterung und Leidenschaft dafür wecken. Aber das allein reicht nicht: Vor allem muss die Digitalisierung der Bildung unsere Kinder auf die *Digitalisierung der Welt* vorbereiten. Dazu müssen übers Programmieren hinaus wichtige Konzepte der Informatik gelehrt werden, wie die Berechenbarkeits- oder die Komplexitätstheorie, um eine Idee von den Möglichkeiten und Grenzen von Computern zu bekommen. Noch interessantere Fragen stellen sich jenseits der Informatik: Nehmen uns die Roboter dereinst die Arbeitsplätze weg, und wenn ja, welche Alternativen zur Erwerbsarbeit gibt es? Was macht eigentlich im Kern den Menschen aus, wenn die Künstliche Intelligenz sich so rasant weiterentwickelt? Wer trägt die Verantwortung, wenn ein selbst fahrendes Auto einen Menschen überfährt? Wie schützen wir unsere Privatsphäre? Diese Fragen gehören auch in den Philosophie-, Wirtschafts- und Politikunterricht. Sicher ist, dass sich bald noch ganz andere, grundlegende und komplexe Fragen stellen, wenn sich etwa die Power der Gentechnik mit der der Informatik vereint: Was ist das Leben? Wer darf es schaffen? Wer darf es in welchen Grenzen manipulieren?

Sicher ist, dass der digitale Wandel unser Leben gründlich verändern wird. Aber wer weiß, welche Überraschungen uns in diesem Jahrhundert noch erwarten? Wer hatte zu Beginn des 20. Jahrhunderts denn die Idee, es könnte so etwas wie Computer geben? Niemand. Auch um sich auf die Überraschungen des 21. Jahrhunderts vorzubereiten, ist es gut, den inneren Kompass immer wieder neu zu kalibrieren.

Fünftens: Mathematik gehört zur Kultur

Es ist schon erstaunlich, was für ein gestörtes Verhältnis unsere geistige Elite zur Mathematik hat. Allen Ernstes hat es der Englischprofessor Dietrich Schwanitz fertiggebracht, in seinem (durchaus anregenden und unterhaltsamen) Buch *Bildung. Alles, was man wissen muss* die Mathematik, wie auch die Natur- und Technikwissenschaften, außen vor zu lassen. Mit einer Fünf in Mathe lässt sich in vielen halbgebildeten Kreisen sogar prahlen, deren Hochmut aber zu spüren bekommt, wer sich in der deutschen Klassik nicht zu Hause fühlt. Die Ästhetik der Mathematik, aber auch ihr Beitrag zu den kulturellen Leistungen von Naturwissenschaft und Technik werden von vielen Menschen ignoriert. Dass der Ausschluss der Mathematik aus der Sphäre der Kultur »einer Art von intellektueller Kastration gleichkommt, scheint niemand zu stören«, diagnostiziert der mathematikbegeisterte Schriftsteller Hans Magnus Enzensberger. Dabei wären weder die Wunderwerke der Renaissance noch die revolutionäre Entwicklung der Relativitätstheorie ohne sie denkbar. Ganz zu schweigen vom digitalen Wandel, den wir gerade erleben, sind doch Computer, Netze und Programme im Wesentlichen vergegenständlichte Mathematik. Oder denken wir an die merkwürdigen Finanzprodukte, die mithilfe komplizierter mathematischer Modelle entwickelt wurden und die Welt in eine schwere Finanzkrise gestürzt haben. Oder an die komplizierten Berechnungen, die zur Erforschung des Klimawandels nötig sind.

Vollkommen zu Recht legen Schule und Gesellschaft großen Wert auf das Fremdsprachenlernen, weil jede Sprache ein Fenster zur Welt ist. So eine Sprache ist aber auch die Mathematik. Eine mit einem interessanten Geheimnis, denn mit Albert Einstein können wir uns fragen, wie die Mathematik als Produkt des menschlichen Denkens so wunderbar zu den wirklichen Dingen passt. Ohne Mathematikkenntnisse können wir weder die Natur enträtseln noch die Welt von morgen bauen. Deshalb brauchen wir in Schulen und Familien einen selbstverständlichen Umgang mit der Mathematik. Und müssen dieses Fenster zur Welt endlich für alle öffnen.

Sechstens: Ein Hoch auf die Laberfächer!

Politik, Geschichte, Sozialkunde, Religion und Philosophie werden gern als »Laberfächer« bespöttelt. Und es stimmt ja leider, dass man sich als aufgeweckter Jugendlicher vielerorts ohne Fleiß, ohne scharfes Nachdenken und präzise Argumentation durch solche Fächer durchmogeln kann, ohne den Stoff in der Tiefe zu begreifen. Vielleicht täte es den Fächern gut, wenn die Anforderungen dort erhöht und sie dadurch ernster genommen würden. Denn wichtig sind sie wie nie zuvor. Sie bieten den Raum, in dem über die Entwicklungen unserer Zeit reflektiert wird, wo sie in die Geschichte der Gesellschaft, der Wissenschaft und der Gedanken eingeordnet werden. Wo das Abwägen zwischen politischem Pragmatismus und moralischem Fundament gelernt werden kann. Wo über die Folgen des menschlichen Handelns in Wirtschaft und Technik nachgedacht wird. Wo systematisch über Werte und Normen diskutiert wird. Wo gelernt wird, zwischen Gut und Böse zu unterscheiden und daraus Konsequenzen fürs persönliche Handeln zu ziehen.

Es wäre schön, wenn dadurch auch der Wunsch bei noch mehr jungen Leuten geweckt würde, sich politisch und sozial zu engagieren und die politische Freiheit in unserem Land zu verteidigen. Auch dem Einigeln in den Echokammern der sozialen Netzwerke könnte man so begegnen. Je unübersichtlicher die Welt wird und je mehr sie in Bewegung ist, desto wichtiger ist es, sich immer wieder neben sie zu stellen und zu überlegen, was dort eigentlich geschieht. Und zwar nicht naiv, sondern mit geschichtlichem Wissen und geschultem Geist. Dazu gehört auch die Vermittlung eines soliden ökonomischen Grundwissens.

In einem vergleichbaren Sinne gilt das auch für die oft vernachlässigten Fächer Kunst und Musik: Wenn der Weg ins Offene geht, dann sind grenzenlose Kreativität und die Fähigkeit, sich künstlerisch ausdrücken zu können, enorm wichtig. Für den Einzelnen, aber auch für die ganze Gesellschaft.

Siebtens: Büffeln für die Gerechtigkeit

Unser Bildungssystem ist sozial ungerechter, als es sein müsste. Viele Schulstudien zeigen, dass die Leistungen der deutschen Schüler im internationalen Vergleich stärker von ihrer sozialen Herkunft abhängen. Das bedeutet, dass Kinder aus sozial benachteiligten Familien weniger

Chancen auf eine gute Bildung haben als jene aus besser-
gestellten Elternhäusern. Das ist nicht nur ungerecht, es
verschärft auch die sozialen Spannungen, und die Wirtschaft bekommt dadurch weniger der dringend benötigten
Fachkräfte. Nun kann man das nicht in erster Linie der
Schule anrechnen, wie es ungerechterweise oft geschieht.
Viele Untersuchungen deuten darauf hin, dass die Weichen
dafür schon in der Vorschulzeit gestellt werden. Aber die
Schule sollte zumindest versuchen, der Ungerechtigkeit
entgegenzuwirken, indem sie Arbeiter- und Einwandererkinder stärker fördert. Das funktioniert aber nicht, indem
man aus falsch verstandener Fürsorge die Latte der Anforderungen niedriger hängt. Im Gegenteil. Eine der großen
Überraschungen der ersten Pisa-Studie war, dass in Bayern
nicht nur die Schüler aus Mittel- und Oberschichtfamilien
spitze waren; das war allgemein erwartet worden. Aber
auch die Arbeiter- und Einwandererkinder zeigten dort
bessere Leistungen als vergleichbare Mitschüler etwa in
Hessen und Nordrhein-Westfalen, Ländern also, die sich
das Fördern der Schwächeren auf ihre Fahnen geschrieben hatten. Offensichtlich fördert das Fordern von Leistung, wie es in Bayern Standard ist, die Kinder mehr als
der Verzicht auf sie. Nicht aus vermeintlichen Gerechtigkeitsgründen das Niveau zu senken, sondern Anstrengung
zu fordern, ist also die richtige Antwort auf die soziale Ungerechtigkeit des Bildungssystems.

Achtens: Bildung ist Luxus, aber ein notwendiger

Bei Bildung darf nicht immer gefragt werden: Wofür? Was bringt mir das? Welchen Nutzen hat das? – Bildung ist viel mehr und kann nicht auf ihre Verwertbarkeit reduziert werden. Und Bildung ist bei Weitem nicht allein Aufgabe der Schule, die kann höchstens etwas dazu beitragen. Sie ist vor allem ein höchst individueller Prozess der persönlichen Entwicklung; vielleicht ist sie eben darum auch kaum eindeutig zu definieren. Mir gefällt in seiner Vagheit das Bonmot »Bildung ist das, was übrig bleibt, wenn ich vergessen habe, was ich in der Schule gelernt habe«.

Bildung ist ein Luxus, aber ein notwendiger, der den Menschen erst zu seiner vollen Entfaltung bringt. So hat nach meinem Dafürhalten der Unterricht in Latein und Altgriechisch durchaus einen berechtigten Platz im gymnasialen Lehrplan. Er muss sich nicht durch Nützlichkeitserwägungen rechtfertigen. Sich systematisch mit etwas Schönem, aber vielleicht Unnützem zu befassen, das kann das Gefühl bestärken, sich im Kosmos der Bildung zu bewegen. Vielleicht nur zur eigenen Erbauung, warum denn nicht? Im besten Fall im geistvollen Austausch mit anderen. Die Saiten, die dabei in einem zum Schwingen gebracht werden, mögen einem später nützen oder auch nicht, aber man hat sie zumindest einmal gespürt. Das fördert den Charakter, die Persönlichkeitsbildung, das Finden eines eigenen Weges.

Ich möchte die Debatte um den Bildungsbegriff hier nicht in extenso führen. Meist überbieten sich dabei die Diskutanten, und die Latte wird höher und höher gelegt. So lange, bis die meisten nur noch darunter hindurchgehen können. Ich finde das wenig ersprießlich und formuliere lieber handhabbare Ziele. Überdies wäre die Ablehnung nicht verwertbaren Wissens meines Erachtens genauso falsch wie die Schmähung verwertbaren Wissens. Schließlich trägt die spätere Anwendung des Wissens in Studium und Beruf (dort sogar ganz schnöde im monetären Sinne) ja auch zur Entwicklung, nennen wir es ruhig Bildung, des Menschen bei. Es wäre doch ein absurder Gedanke, den Nachwuchs zwanzig Jahre lang zur Schule und auf die Hochschule zu schicken, ohne dass der daraus einen Nutzen zieht. Man könnte jetzt ganz banal sagen: Die Mischung macht's. Ja, und genauso einfach möchte ich das auch stehen lassen.

Neuntens: Schule – all inclusive

Wenn ich hier so eindringlich für eine Rückbesinnung auf die Inhalte plädiere und die Bedeutung des Wissens betone, dann heißt das nicht, dass ich die anderen Aufgaben der Schule gering schätze; sie sind nur nicht Thema dieses Buchs. Selbstverständlich sollen die Kinder nicht nur Faktenwissen pauken. Sie sollen auch die Fähigkeit entwickeln, das Gelernte in der Praxis anwenden zu können. Selbstverständlich müssen die Schüler im Laufe der Schulzeit praktische und sinnliche Erfahrungen machen, bei denen sie etwas lernen: selber experimentieren im Naturwissenschaftsunterricht; auf Klassenreisen und beim Schüleraustausch ihre Mitschüler und fremde Länder kennenlernen; ein ehemaliges Konzentrationslager besuchen, um die Grauen der Nazizeit besser zu verstehen; selber musizieren und Sport treiben; sich in der Schülervertretung engagieren; bei der Schülerzeitung mitwirken; Bilder malen; Roboter programmieren; Klassenfeste feiern. Um den eigenen Charakter zu bilden, die Vor- und Nachteile von Teamarbeit kennenzulernen, dazu reicht es nicht, Gemälde zu betrachten, Filme zu schauen und Bücher zu lesen. Die Schule ist auch eine wichtige Sozialisationsinstanz, hier trainieren die Schüler das gesellschaftliche Zusammenleben. Das alles soll hier keinesfalls kleingeredet werden. Auch nicht die so wichtige Herzensbildung, deren Grundlage hoffentlich in der Familie gelegt wird. Ziel dieses Buches ist nur, dabei die andere Seite nicht zu vergessen: die Inhalte, das Wissen.

Zehntens: Mehr wollen wollen

Mir fällt auf, dass in Deutschland oft gefragt wird: Was dürfen wir? Oder: Was müssen wir? Die eine Frage beantwortet abschließend das Bundesverfassungsgericht, die andere schielt auf die wirklichen oder vermeintlichen Zwänge von Wirtschaft, Weltmarktkonkurrenten oder Umwelt. Viel zu selten aber wird gefragt: Was wollen wir?

Ich möchte, dass wir uns darüber mehr Gedanken machen. Uns im Kant'schen Sinne unseres eigenen Verstandes bedienen, uns entscheiden, zu einer Position stehen. Natürlich kann ich nicht vorhersehen, wohin sich die Bildungsdebatte künftig dreht. Aber ich will, dass es wieder mehr um Inhalte als um Strukturen geht. Dazu ist mein Kanon ein Angebot.

Warum wir einen neuen Kanon brauchen

Die Zeit ist reif für einen neuen, einen fächer- und medienübergreifenden Kanon. Warum? Zum einen gibt es neben der Literatur, mit der der Kanon-Gedanke oft eng verbunden ist (man denke nur an Marcel Reich-Ranickis gleichnamige Anthologie vom Anfang des Jahrtausends), eine solche Vielfalt an Medien, dass eine Erweiterung mir unbedingt geraten erscheint. Viele bedeutende, bereichernde und instruktive Filme, Gemälde, Sachbücher oder auch Computerspiele lassen sich dann – zusammen mit Werken der Literatur, der bildenden Kunst, der Musik – in einem Zusammenhang sehen: Ein Kanon bietet nicht nur eine qualitative Auswahl, er schafft auch Verbindungen zwischen den Werken. Zum anderen muss in Zeiten der Globalisierung auch ein nationaler Kanon den Blick in die Welt richten und darf sich nicht auf deutsche Werke beschränken. Und dann müssen sich, nach angemessener Reifezeit, auch aktuelle Entwicklungen in einem Kanon widerspiegeln. In Deutschland sind das beispielsweise die Wiedervereinigung, die Einwanderung türkischer Arbeitsmigranten und russlanddeutscher Spätaussiedler, der digitale Wandel und mit ihm die weltweite Vernetzung.

Zudem ist es mein Ziel, einen Kanon zusammenzustellen, der nicht der (zweifellos auch nötigen) Selbstvergewisserung eines Bildungsbürgertums dient, sondern der eine Übersicht über eine Allgemeinbildung oder ein Allgemeinwissen gibt, an der sich auch der Durchschnittsbürger messen kann. Ein Bildungsangebot kann einen auch erdrücken, wenn es zu massiv daherkommt – viele kennen das Problem, wenn sie an die nicht gelesenen Bücher im Regal denken. Auch der Kanon, der mir vorschwebt, kann nur mit Anstrengung erarbeitet werden. Aber er soll nicht zur Last werden, sondern die Lust wecken, sich auf ihn einzulassen.

Aber brauchen wir denn überhaupt einen Kanon? Ich meine: ja.

Mich bewegt vor allem eines, wenn ich hier für einen Kanon der Allgemeinbildung werbe: Als eine Gesellschaft im Wandel brauchen wir einen gemeinsamen Bezugsrahmen für den so dringend nötigen Diskurs untereinander. Wir brauchen Bilder, Geschichten, Bücher, Musikstücke, Filme, die wir alle kennen, um im Gespräch über Neues eine gemeinsame Basis zu haben. Wir brauchen sie, um einander besser zu verstehen, auch um uns selber besser zu verstehen. Wir brauchen sie als Kitt, der die Gesellschaft zusammenzuhält.

Dass so ein gemeinsamer Bezugsrahmen dringend nötig ist, zeigt sich immer wieder. Erst kürzlich hat mich eine Umfrage alarmiert, die besagt, dass junge Zeitungsleser ein viel breiteres Interessenspektrum hätten als Nicht-Zeitungsleser. Das mag viele Ursachen haben und klingt für sich genommen harmlos. Betrachtet man jedoch den Medienkonsum Jugendlicher, dann braut sich da womöglich etwas Ungutes zusammen. 2017 gaben nur 21 Prozent der 12- bis 19-Jährigen in einer Umfrage an, täglich oder mehrmals in der Woche die Printausgabe einer Tageszeitung zu nutzen. Zehn Jahre zuvor waren es noch mehr als doppelt so viele – knapp die Hälfte dieser Altersgruppe.

Ich habe nur selten kulturpessimistische Anwandlungen. Wenn sich Jugendliche heutzutage via elektronische Medien statt mit Zeitungen über die Welt da draußen informieren, soll mir das recht sein. Aber zumindest besteht die Gefahr, dass vor allem die sozialen Medien dazu verführen, zu sehr im eigenen Saft zu schmoren, und Themen zu vernachlässigen, die einem etwa in der Zeitung ganz nebenbei begegnen.

Hinzu kommt die Individualisierung des Medienkonsums. Die Zeiten, da die ganze Familie vor der Tagesschau versammelt war, sind längst vorbei. Die Mutter hört die Nachrichten im Autoradio, der Vater liest die Tageszeitung am PC und die Tochter auf dem Smartphone. Jeder hat seine Quellen. Das kann bereichernd sein, das kann aber auch den Gedankenaustausch erschweren. Außerhalb von Fußballweltmeisterschaften sitzt Deutschland nur noch selten zusammen am medialen Lagerfeuer. Viele Einwandererhaushalte, man achte auf die Satellitenschüsseln, orientieren sich medial nicht hier, sondern in ihren Ursprungsländern. Großorganisationen, die viele Menschen zusammenführen, wie die Kirchen, die Gewerkschaften und die Parteien, verlieren unaufhörlich Mitglieder.

Zusätzlich birgt die eingangs erwähnte Aufspaltung der Gesellschaft in Ost- und Westdeutsche, Deutsche mit und ohne Migrationshintergrund, neu Eingewanderte, Flüchtlinge und Asylberechtigte die Gefahr, dass sich Deutschland in viele Inseln aufteilt, die nicht mehr miteinander verbunden sind. Umso wichtiger finde ich einen gemeinsamen Bezugsrahmen, der sich aus einem konkreten Fundus von Werken speist und der auch in Krisenzeiten Rückhalt bietet und Zusammengehörigkeit stiftet.

Dazu gehört, dass sich Westdeutsche mit DDR-Literatur befassen, genauso wie wir alle mit Filmen, die die Seelen unserer deutsch-türkischen Mitbürger erreichen. Zuwanderer und ihre Nachkommen, denen unsere Kultur fremd war und manchmal noch ist, haben wiederum die Pflicht, sich mit den Grundlagen des Zusammenlebens in Deutschland auseinanderzusetzen. Dabei geht es nicht nur um so schöne Sujets wie das Grundgesetz oder die Grundlagen der abendländischen Kultur, die sich in der griechischen Mythologie oder der Kunst der Renaissance zeigen. Es lauern viele herausfordernde Probleme. Als Neubürger erbt man ja zum Beispiel auch die deutsche Geschichte. Mit ihren schönen Seiten, aber vor allem mit ihrem Schrecken. Man muss sich deshalb der besonderen deutschen Verantwortung stellen, die sich aus dem millionenfachen Mord an den europäischen Juden ergibt. Das gehört zum Selbstverständnis unseres Landes. Diesem Erbe darf sich keiner entziehen. Und da die überlebenden Zeitzeugen immer weniger werden, können Kunstwerke, aber auch Dokumentationen die Konfrontation damit unterstützen.

Oder nehmen wir die Religion. Wie kann es gelingen, dass wir gegenseitig unseren Glauben oder auch Nichtglauben respektieren, und wo sind die Grenzen der Religionsfreiheit? – Sich darüber zu verständigen, dazu kann ein Kanon beitragen.

Weshalb nun meine ich, dass ausgerechnet ein Kanon dabei behilflich sein kann, der Zersplitterung des Landes entgegenzuwirken und die Menschen in Deutschland miteinander ins Gespräch zu bringen?

Dazu muss ich präzisieren, was ich unter einem Kanon verstehe. Ursprünglich bedeutet Kanon, aus dem Griechischen kommend, nichts anderes als Maßstab. Übertragen auf das Bildungsthema, bezeichnet es fixierte Wissensbestände (und durch Negation das als wertlos Ausgegrenzte). Einen Kanon im weiteren Sinne gibt es etwa an den Schulen: als Auflistung der Schulfächer, also als Fächerkanon. Auch das Kerncurriculum, festgelegt in Lehrplänen und sich abbildend in den Abituraufgaben, lässt sich als Kanon begreifen. Neuerdings außerdem die sogenannten nationalen Bildungsstandards, die Kompetenzen festlegen, welche die Schüler bundesweit erreichen müssen. Hinzu kommt noch ein impliziter Kanon durch die Unterrichtspraxis der Lehrkräfte und ihrer formellen und informellen Verständigung darüber. Solche Formen des Kanons sind wichtig, aber um sie geht es mir nicht.

Mir geht es um etwas zugleich Konkreteres und Weiterführendes: um eine explizite Liste kanonischer Werke, also Gemälde, Fotos, Musikstücke, Bücher, Filme, die jeder kennen muss. In den 1970er Jahren ist diese Idee an den Schulen verworfen worden, weil der Zeitgeist darin eine fortschrittshemmende Tradition sah, ein Instrument, das allen die herrschende Kultur als verbindlich überstülpen sollte. Auch die postmoderne Beliebigkeit konnte mit einem Kanon nichts anfangen. Bildungsinhalte wurden in vielen Lehrplänen durch Lernziele ersetzt, in der weiteren Folge durch Schlüsselqualifikationen, schließlich durch die schon erwähnten Kompetenzen und Bildungsstandards.

Ich halte den Verzicht auf eine Auflistung kanonischer Werke für einen Fehler. Denn es ist nach meiner Überzeugung nicht egal, an welchem Gegenstand die Schüler ihre Kompetenzen entwickeln. Es ist ein Unterschied, ob man seine Lesefähigkeit an der Gebrauchsanweisung für eine Waschmaschine schult oder an Schillers *Glocke*.

Und für den gesellschaftlichen Diskurs ist so ein konkreter Kanon allemal hilfreicher als die wolkige Prosa der Kultusministerien. Man kann natürlich sagen: Erfasse bitte »Politik in ihrer institutionell-formalen Dimension als Institutionen- und Regelsystem«, wie es im niedersächsischen Politik-Lehrplan für die gymnasiale Oberstufe formuliert ist. Kürzer und klarer ist die Ansage: »Lies das Grundgesetz!« Man kann »interkulturelle Kompetenz« einfordern oder gemeinsam einen Film von Fatih Akin anschauen und mit der Klasse diskutieren. Nachdem ich für dieses Buch viele Lehrpläne verschiedener Bundesländer gelesen habe, ist meine Aversion gegen den dort gepflegten pädagogisch-bürokratischen Slang noch einmal gewachsen. Mit diesem Experten-Kauderwelsch kann der Normalbürger keine inhaltliche Debatte führen. Und das wiederum ist für die Demokratie nicht förderlich.

Anhand eines Kanons kann man diskutieren, warum ich jenen Film kennen soll oder dieses Buch gelesen haben muss. Darüber, was in der Liste fehlt. Gibt es vielleicht einen deutsch-türkischen Rap, den jeder kennen muss? Zeichnet ein anderer Film die Stimmung in der DDR treffender? Warum muss man sich jahrhundertealte Gemälde anschauen?

Ein konkreter Kanon ist nicht nur hilfreich für den gesellschaftlichen Zusammenhalt. Er öffnet auch den Blick für die Breite der Allgemeinbildung, ohne sich im Unübersichtlichen zu verlieren. Er kann den Anstoß geben, sich doch einmal auf die Relativitätstheorie einzulassen, ein Computerspiel kennenzulernen oder in der Geschichte unseres Landes zu stöbern – ganz allgemein: Wissenslücken zu schließen.

Auch der sozialen Gerechtigkeit ist durch einen Kanon gedient. Wenn er abbildet, was die Allgemeinbildung in unserem Land ausmacht, dann bietet er auch eine Orientierungshilfe für Arbeiter- und Einwandererfamilien, die sich darin nicht so selbstverständlich bewegen wie die Angehörigen der etablierten Mittel- und Oberschicht. Gerade wem das Wohl der sozial Benachteiligten am Herzen liegt, der sollte sich daran erinnern, dass es Ziel der Arbeiterbewegung war, das »Bildungsprivileg der Herrschenden« zu brechen. »Wissen ist Macht« proklamierte schon im vorletzten Jahrhundert der SPD-Politiker Wilhelm Lieb-knecht. Dazu gehört doch auch, sich das kulturelle Erbe der Menschheit anzueignen, anstatt es in der Verfügungs-gewalt vermeintlicher Eliten zu belassen. Ich wundere mich immer wieder darüber, dass Politiker aus dem linken Spektrum aus vermeintlichen Gerechtigkeitsgründen die Bildungshürden senken. Das ist ein Fehler. Richtig wäre es, den Kindern, die es schwerer haben, dabei zu helfen, die Hürden zu nehmen – und in ihnen den Wunsch zu wecken, es auch zu wollen.

Nicht zuletzt lädt ein Kanon zum Nachdenken, zum spiele-rischen Streiten, zum Debattieren beim familiären Abend-brot oder unter Freunden ein. »Wie kann man nur Gustav Mahler vergessen?«, »Was hat ein Comic im Kanon zu su-chen?«, und: »Ein Gedicht von Gottfried Benn gehört unbe-dingt dazu!« Das Schöne daran: Die Beschränkung zwingt zur Entscheidung. Willst du deinen Mahler, musst du mir erklären, warum ich zum Beispiel meinen Ellington strei-chen soll. Man lernt viel über sich und über den anderen, wenn man verteidigt, was einem wichtig ist. Ich stelle mir das belebend für den gesellschaftlichen Diskurs über die Bildung vor.

Zum Glück habe ich das Privileg, meinen Kanon frei-er und wagemutiger aufstellen zu können, als es Minis-terialbeamte oder Wissenschaftler könnten. Er muss ja nicht in Gesetze und Verordnungen umgesetzt werden. Es wäre vermessen, wenn ich fordern würde, dass der hier vorgestellte Kanon von den Kultusministerien übernom-men werden sollte. Und ich will mich auch nicht über die Lehrplanentwickler und Fachdidaktiker erheben, die bei der Konzeption der Curricula viel mehr bedenken und viel mehr Rücksichten nehmen müssen als ich.

Freuen würde ich mich, wenn der Kanon den gesellschaftlichen Diskurs über Bildungsinhalte anregte. Unter Lehrern, Eltern und Schülern, unter allen Bürgern, die sich dazu berufen fühlen. Und wenn eines Tages in den Lehrplänen Bildungsinhalte und kanonische Werke wieder eine größere Rolle spielten, hätte ich natürlich nichts dagegen.

Der neue Kanon

Kommen wir nun zum eigentlichen Kanon. Lassen Sie mich zunächst erklären, warum ich diese hundert Werke und Schriften ausgesucht habe. Hundert ist natürlich eine willkürlich gesetzte, aber eben auch eine runde Zahl – eine Herausforderung. Mit zehn Büchern und Filmen hätte man die nötige Bandbreite nicht abdecken können, und mit tausend Werken wäre das Vorhaben zu unübersichtlich geworden.

Hier sei noch einmal klargestellt, dass ich mich an einem Kanon der Allgemeinbildung, des Allgemeinwissens versuche, nicht an einem kulturellen Kanon, wie ihn etwa der Altphilologe Manfred Fuhrmann *(Der europäische Bildungskanon)* vorgelegt hat. Ich habe mich von der Frage leiten lassen, was wirklich jeder kennen muss, weil mich ja vor allem umtreibt, wie man die Gesellschaft zusammenhalten kann: Bildung als der feste Boden, auf dem wir alle stehen. Die Frage, wie eine gebildete Elite, die eine Gesellschaft zweifellos auch braucht, ausgestattet sein muss, stellt sich noch einmal anders. Ein gebildeter Mensch sollte zum Beispiel die Bibel und Homers *Ilias* gelesen haben, weil sie ein wichtiger Schlüssel zu unserer Kultur sind. Nach meinem Dafürhalten ist es aber keine realistische

Forderung, dass sie jeder komplett gelesen haben muss. Kennen sollte man sie aber. Deshalb habe ich stattdessen in meinen Kanon eine, wie ich finde, sehr gelungene Erklärung der wichtigsten Geschichten aus der Bibel von Christian Nürnberger aufgenommen und die meisterhafte Kurzfassung von *Ilias* und *Odyssee* von Walter Jens.

Wer ist nun mit »jeder« gemeint, und welchen Maßstab der Allgemeinbildung lege ich an? Zu wenig wäre mir dafür das sogenannte Bildungsminimum, also die Basiskompetenzen, über die wirklich jeder verfügen muss, der am gesellschaftlichen Leben teilnehmen will. Dazu gehört es, lesen, schreiben und rechnen zu können. Zur traurigen Wahrheit gehört, dass selbst dieses Bildungsminimum nicht von allen erreicht wird. Wie die Pisa-Studie von 2015 zeigt, verfehlen 16 Prozent der deutschen 15-Jährigen die Mindeststandards beim Lesen. Hier ist noch viel zu tun, aber das ist ein anderes Thema.

Ein möglicher Maßstab für die Allgemeinbildung, beziehungsweise das Allgemeinwissen, wäre das, was der Bildungshistoriker Heinz-Elmar Tenorth »Grundbildung« nennt. Das ist die Bildung, die von jedem Schüler bis zum Ende der Sekundarstufe I erworben werden muss, also bevor die spezielle Bildung (Berufsausbildung oder Wissenschaftspropädeutik) greift. Das ist auch die aktuelle Referenz der bekannten Pisa-Studie.

Ich möchte aber einen Schritt weiter gehen. Inzwischen besuchen die meisten die Schule mindestens bis zum 18. Lebensjahr, also bis zum Ende der Schulpflicht und bis zur gesellschaftlichen Mündigkeit als Wahlbürger. De facto wird damit die Grundbildung an den Schulen erweitert. Der Besuch der Sekundarstufe II wird inzwischen für eine erfolgreiche Schullaufbahn erwartet. Dabei wird die Zeit nach der Grundbildung nicht mehr nur auf dem Königsweg des Gymnasiums erlebt, sondern auch in den zahlreichen anderen Bildungsgängen der Sekundarstufe II, vom dualen System der Berufsbildung bis zu berufsorientierten Vollzeitschulen. In diesen Bildungsgängen werden inzwischen auch mehr als 40 Prozent der Hochschulzugangsberechtigungen erworben – hier wird der Standard an Bildung für alle definiert. Nicht mehr nur akademisch oder klassisch gymnasial, sondern im gesamten Bildungsgang bis zum Ende der Sekundarstufe II – dort, wo traditionell das Abitur den Abschluss markierte. Insofern halte ich es für sinnvoll, hier auch die Elle für die Allgemeinbildung anzulegen. Also konkret: Was muss ein Absolvent der Sekundarstufe II wissen oder kennen, bevor er dann in die Ausbildung, ins Leben oder in den tertiären Bildungsbereich eintritt? Für die Allgemeinbildung und meinen Kanon bedeutet das, dass Kenntnisse der Naturwissenschaften nur auf dem Niveau der Mittelstufe vorausgesetzt werden und als einzige Fremdsprache Englisch beherrscht werden muss.

Ein weiteres Kriterium war für mich, dass die ausgesuchten Medien für Jugendliche zugänglich und verständlich sind. Bücher und Filme müssen also noch zu kaufen oder in Bibliotheken beziehungsweise Online-Portalen auszuleihen oder anzuschauen sein. Gern hätte ich zum Beispiel den Vortrag *Wie ich die Philosophie sehe* des Philosophen Karl Popper aufgenommen. Leider ist die CD nicht mehr problemlos erhältlich.

Wenn sich mehrere Werke zur Auswahl anboten, dann habe ich mich für das populärere entschieden, immer der Devise folgend, die Bürgerinnen und Bürger miteinander ins Gespräch zu bringen. So habe ich mich zum Beispiel für das Mafia-Epos *Der Pate* entschieden und gegen Martin

Scorseses Meisterwerk *GoodFellas* oder für Mozarts *Zauberflöte* und nicht für seinen *Don Giovanni*.

Ich habe mich darum bemüht, die Auswahl nicht nach meinem persönlichen Geschmack zu treffen. Natürlich ist sie trotzdem subjektiv gefärbt, und in einem Punkt stehe ich auch zu einer vielleicht fragwürdigen grundsätzlichen Entscheidung: Ich bin kein Freund brutaler Gewaltdarstellungen, weshalb ich zum Beispiel auf Tarantinos *Pulp Fiction* verzichtet habe oder auf das weitverbreitete virtuose Computerspiel *Grand Theft Auto* (GTA 5). Hier wird deutlich, und deswegen lege ich das so offen dar, dass die Aufnahme in einen Kanon ein Werk adeln, der Ausschluss hingegen (hier der nach meinem Empfinden zu gewalttätigen Werke) als ein Akt der Zensur begriffen werden kann. Das Anerkannte wird vom Überflüssigen oder Ausgegrenzten unterschieden. Dessen bin ich mir bewusst. Unter einem totalitären Regime wäre das ein Problem, in einer offenen Gesellschaft ist der Diskurs darüber möglich und damit auch die Revision von Entscheidungen.

Vergleichsweise wenige Werke meines Kanons stammen von Frauen. Das liegt daran, dass die stilprägenden, typischen, populären Werke der Vergangenheit vorwiegend von Männern stammen. In fünfzig oder hundert Jahren wird ein Kanon in dieser Hinsicht sicher anders aussehen.

Leicht überrepräsentiert unter den Autoren sind Kollegen der ZEIT; das sei hier offen benannt. Es war nicht mein Ziel, ich habe jeweils nach dem besten Werk gesucht, das ein Thema erklärt. Aber sicher hätte jemand anders hier und da eine andere Auswahl getroffen.

Bei der Auswahl der kanonischen Werke bin ich recht pragmatisch vorgegangen. Ich habe die Lehrpläne Bayerns und Niedersachsens durchgearbeitet und jene Themen herausgesucht, die mir besonders wichtig erscheinen. Bayern, weil es unser Bildungsmusterland ist, und Niedersachsen, weil ich dort wohne. Dabei habe ich mich von meiner Lebenserfahrung leiten lassen und dort, wo ich unsicher war, den Rat von Kollegen oder anderen Experten eingeholt: Welches Musikstück muss ein Abiturient unbedingt kennen? Was soll bei jedem von der Physik hängen bleiben? – Zusätzlich habe ich darauf geachtet, dass die Auswirkungen der Globalisierung, der Wiedervereinigung, der Migration und der Digitalisierung berücksichtigt werden.

Die ausgewählten Werke stehen entweder für sich selber, wie etwa Leonardo da Vincis *Mona Lisa*, oder sie stehen für einen wichtigen Lerninhalt, den man bis zum Abitur begriffen haben sollte. So soll der Al-Gore-Film *Eine unbequeme Wahrheit* auf die Gefahren des Klimawandels aufmerksam machen. Hier und da vermischt sich beides. So ist *Schindlers Liste* ein Filmkunstwerk und vermittelt gleichzeitig einen Eindruck von den Grauen der Judenvernichtung und der Zivilcourage Einzelner, die dabei nicht mitgemacht haben.

Um Ordnung in die Auswahl zu bringen, habe ich sie in vier Kapitel sortiert, und zwar nach den verschiedenen Arten, der Welt zu begegnen, den Modi des Weltzugangs. Angelehnt an Wilhelm von Humboldt, den großen preußischen Bildungsreformer, unterscheide ich das **sprachlich-kommunikative Verstehen der Welt**, das **mathematisch-naturwissenschaftliche**, das **historisch-philosophische** und das **künstlerisch-ästhetische**. Bei den Werken aus Kunst und Literatur waren mir jene wichtig, die vom Beginn unserer europäischen beziehungsweise christlich-abendländischen Kultur zeugen, und dann jene, die als Meilensteine der deutschen und internationalen Kulturgeschichte gelten können. Bei den Werken aus und über Naturwissenschaft, Mathematik und Technik habe ich solche versammelt, die zu einem Grundverständnis dieser Wissenschaften nötig sind und die zu einer Reflexion über sie einladen. Für den historisch-philosophischen Modus des Weltzugangs erschienen mir solche Bücher und Filme wichtig, die das Wesen der Religionen und der Philosophie erklären, einen Eindruck verschaffen von der gesellschaftlichen Entwicklung bei uns und in der Welt, mit denen man aber auch die Zeit des Nationalsozialismus besser begreifen kann. Nicht zuletzt also: die zum Verständnis der Grundlagen und der Bedeutung von Freiheit und Demokratie für jeden Einzelnen und für die Gesellschaft als Ganzes beitragen.

Dabei gab es immer wieder Konflikte bei der Zuordnung der Medien zu den Modi des Weltzugangs. So sind Brechts *Leben des Galilei* und Dürrenmatts *Physiker* natürlich literarische Werke, gleichzeitig thematisieren sie aber die Verantwortung der Naturwissenschaftler vor der Wahrheit und für die Gesellschaft. Deshalb habe ich hier geteilt und den *Galilei* in die Literatur eingeordnet, die *Physiker* aber in die Naturwissenschaften. Filme wie *Wall Street*, *Doktor Schiwago* oder *Die Wüste lebt*, die ich dem historisch-philosophischen beziehungsweise dem mathematisch-naturwissenschaftlichen Modus des Weltzugangs zugeordnet habe, sind gleichzeitig künstlerisch-ästhetische Meisterwerke. Das von Johann Abraham Peter Schulz vertonte *Abendlied* hätte mit dem Text von Matthias Claudius auch Platz bei den literarischen Meisterwerken finden können, genau wie die Nationalhymne. Eine gewisse Willkür lässt sich bei der Zuordnung letztlich nicht vermeiden, nicht jede Entscheidung lässt sich bis ins Letzte begründen, und es steht dem Leser natürlich frei, eine andere Priorität zu setzen.

Und ich musste den Mut zur Lücke aufbringen. So habe ich den Dreißigjährigen Krieg nicht berücksichtigt, obwohl er für Deutschland sehr folgenreich war. In der Abwägung erschienen mir dann die Französische Revolution, die nationalsozialistische Diktatur und die Entwicklung Chinas im 20. Jahrhundert relevanter für die heutige Zeit. Dem Western-Klassiker *Spiel mir das Lied vom Tod* habe ich *Manche mögen's heiß* vorgezogen, weil mir wichtig war, eine Filmkomödie dabeizuhaben. Statt des beeindruckenden Sachbuchs von Konrad Seitz *China – Eine Weltmacht kehrt zurück* habe ich die Familiengeschichte *Wilde Schwäne* der Chinesin Jung Chan ausgewählt, die stärker unter die Haut geht.

Immer wieder bin ich dabei an Grenzen gestoßen. So hätte ich gern Donald-Duck-Comics in den Kanon aufgenommen; viele der Geschichten gleichen Shakespeare-Dramen in Kurzform. Die Übersetzungen der genialen Erika Fuchs haben unsere Alltagssprache mitgeprägt (»Seufz! Ächz! Stammel!«). Aber leider gibt es nicht den einen, für alle leicht zugänglichen Donald-Comicstrip. Auch meine Idee, stattdessen auf die elektronischen Medien zu bauen, schlug leider fehl. Es gibt zwar beim Kurznachrichtendienst Twitter regelmäßig Comics der Ducks zu sehen, aber für einen Kanon, der ja einige Zeit Bestand haben soll, ist das zu unsicher. So ist eine doppelte Lücke im sprachlich-kommunikativen Teil des Kanons entstanden. Donald Duck, ein Klassiker unter den Comics, ist nicht dabei. Und die Neuen Medien sind nicht in dem Umfang präsent, wie es ihrer heutigen Bedeutung entspricht.

Überhaupt wird Ihnen auffallen, wie viele Bücher den Kanon bilden, obwohl ich mich darum bemüht habe, andere Medien einzubeziehen. Das mag daran liegen, dass ich *old school* sozialisiert bin und mein Kopf zu nah am

Buch gebaut ist. Es ist aber auch eine Stärke des Buchs, das Vergängliche zu bewahren und zugleich leicht und verlässlich zugänglich zu sein.

Einigen Themen habe ich ein großes Gewicht in diesem Kanon gegeben, weil ich sie für essenziell halte. Die Verbrechen des nationalsozialistischen Deutschland sind beispiellos und müssen uns und unsere Nachkommen auf ewig beschäftigen. Es wäre falsch – und auch aussichtslos –, sich der Verantwortung zu entziehen, die daraus für uns alle, auch für unsere zugewanderten Mitbürger, entstanden ist. Und immer wieder muss auch der Versuch gemacht werden zu verstehen, wie dieser Zivilisationsbruch in Deutschland geschehen konnte.

Weil es für die Entwicklung unseres Landes bedeutsam ist, war mir auch wichtig, die Folgen der Migration zu beleuchten. Dazu gehört auch, sich tiefer mit den Religionen zu befassen, die unser Land prägen. Ebenso ist es mir in Zeiten der Globalisierung ein Anliegen, andere Länder besser zu verstehen, denen wir nicht so nahe sind, die aber eine große Bedeutung für uns haben, wie etwa Russland und China oder auch ein Kontinent wie Afrika.

Bei zwei Themen halte ich eine sehr nüchterne Betrachtung für besonders wichtig: bei der Wirtschaft und der Religion. Bei religiösen Themen liegt es in der Natur der Glaubenssache, dass die Debatte oft ideologisch gefärbt und voller Gefühle geführt wird, aber auch über die Wirtschaft gibt es reihenweise Literatur und Filme, die von Vorurteilen in der einen oder anderen Richtung geprägt sind. Deswegen habe ich über die monotheistischen Religionen und die Wirtschaft betont sachliche Bücher in den Kanon aufgenommen.

Es liegt in der Natur eines Kanons, dass seine Werke älter sind, sie müssen sich ja über die Jahre bewährt haben. Auch in dem Allgemeinbildungskanon, den ich vorschlage, sind deshalb die allermeisten Bücher, Filme und Gemälde älteren Datums. Weil ich aber die Welt von heute im Blick habe, habe ich auch einige neuere Medien aufgenommen, sozusagen »auf Bewährung«. Die beste Erklärung des Elektromotors etwa habe ich bei der *Sendung mit der Maus* gefunden. Die Sendung steht gleichzeitig für das moderne Bildungsfernsehen, dessen Verdienste um die Volkspädagogik viel zu wenig gewürdigt werden. Ob dieses kurze Video die Jahrzehnte überdauern wird, dessen bin ich mir aber nicht sicher. Eine ausgezeichnete Erläuterung der viel diskutierten Macht der Algorithmen liefert das Buch *Total berechenbar* meines Kollegen Christoph Drösser. Auch hier bin ich mir nicht sicher, ob das Buch noch in dreißig Jahren den aktuellen Erkenntnisstand wiedergibt. Wenn aber der Maßstab ist, was Abiturienten wissen müssen, dann gehören solche Werke mit auf die Liste. Das entspricht sicher nicht der reinen Lehre, aber mir ist wichtiger, diese Themen aufzugreifen, als nicht angreifbar zu sein.

Ganz bewusst setze ich die Werke, die den künstlerisch-ästhetischen Zugang zur Welt öffnen sollen, an den Anfang des Kanons. Denn wenn der Weg in die Zukunft offen ist, dann brauchen wir Wagemut, Kreativität, Freiheit, die Lust am Ausprobieren. Wo kann man das besser lernen als in der Kunst?

Nun bin ich gespannt, was Sie von meinem Kanon halten.

Das nicht nur Schöne: Der künstlerisch-ästhetische Weltzugang

 # Die Geburt der Venus

Maler: Sandro Botticelli
Datierung: um 1485 / Uffizien, Florenz
Fach: Kunst
Thema: Malerei der Renaissance

Darum geht es: Das monumentale Bild (Tempera auf Leinwand) zeigt als zentrale Figur die unbekleidete Venus, die römische Göttin der Liebe und der Schönheit. Sie steht am Rand einer großen goldenen Muschelschale, die gerade an einen Strand gespült wird. Eine ihrer Brüste bedeckt sie mit der Hand und ihre Scham mit einer dicken Strähne ihres üppigen Haars. Von links schwebt der Windgott Zephyros heran, eng umschlungen mit einer weiteren Göttin. Sie sind nur spärlich mit wehenden Mänteln bekleidet. Landseitig von rechts naht tänzerisch Carpo, die griechische Göttin des Sommers. Sie trägt ein wehendes weißes, blumenbesticktes Kleid und reicht Venus einen roten Mantel. Rechts sind blühende Orangenbäume zu sehen, im Bildhintergrund das leicht bewegte Meer und eine Küstenlandschaft mit Buchten.

In der griechischen Mythologie trug Aphrodite / Venus den Beinamen »die Schaumgeborene«; Botticellis Bild zeigt den Moment, in dem die Göttin die Insel Zypern erreicht, wo sie bekleidet und dann von der Sommer-Hore zu den anderen olympischen Göttern gebracht wird.

Warum man es kennen muss: Botticellis *Venus* ist ein Meisterwerk der Renaissance (»Wiedergeburt«), die ihr Zentrum in Florenz hatte. In dieser Kulturepoche (vom Anfang des 15. bis Anfang des 16. Jahrhunderts) erwachte Europa aus dem, wie es viele empfanden, langen Schlaf des Mittelalters; die Frühe Neuzeit beginnt. Die Allmacht der Kirche bröckelte. Künstler und Philosophen fingen an, sich vom Primat des christlichen Glaubens zu lösen, lenkten den Blick stärker auf das Individuelle und wollten die Naturwissenschaften einzig auf Vernunft und Erfahrung gründen. Die heidnische Kultur der Antike wurde wiederentdeckt. Man könnte fast sagen, dass Botticelli hier im doppelten Sinne eine Geburt malt: die der Venus und die einer neuen Geisteshaltung, die sich in dem Sujet aus der griechisch-römischen Mythologie ausdrückt. Als sehr kühn gilt, dass er einen nicht biblischen Frauenakt fast in Lebensgröße gemalt hat. Dass die europäische Renaissance in Italien beginnt, liegt auch daran, dass sich hier mit der beginnenden Geldwirtschaft früh ein reiches und selbstbewusstes städtisches Patriziat ausbildete. So stammt denn auch der Auftrag für dieses Gemälde der Venus aus dem Hause Medici, der einflussreichen florentinischen Bankiers-familie.

 # Mona Lisa

Maler: Leonardo da Vinci

Datierung: vermutlich zwischen 1503 und 1506/
Louvre, Paris

Fach: Kunst

Thema: Malerei der Renaissance

Darum geht es: Sooft man dieses Meisterwerk Leonardo da Vincis schon gesehen hat, bleibt doch vieles an diesem Bild rätselhaft. Das Porträt (Öl auf Holz) zeigt wohl Lisa del Giocondo, die Ehefrau eines Florentiner Kaufmanns, aber auch andere Zuschreibungen werden unter Kunsthistorikern diskutiert. Auf Italienisch ist das Bild als *La Gioconda* (die Heitere) bekannt, in Frankreich als *La Joconde*. Die junge Frau, man sieht nur Kopf und Oberkörper, sitzt auf einem Stuhl. Hinter ihr ist eine Felsenlandschaft zu sehen. Sie trägt ein kostbares, aber schmuckloses dunkles Kleid; ihr langes, dunkles Haar ist von einem zarten Schleier bedeckt. Ihr linker Arm ruht auf einer Armlehne, die rechte Hand umfasst das linke Handgelenk. Das Gesicht der Frau ist dem Betrachter zugewandt und sehr glatt: Weder Brauen noch Wimpern sind zu erkennen. Die Porträtierte scheint den Betrachter anzuschauen, obwohl bei genauem Hinsehen ihre Pupillen nach links gerichtet sind. Über ihr Gesicht, so kann man es jedenfalls interpretieren, huscht ein Lächeln, angedeutet nur durch ein leichtes Heben der Mundwinkel. Leonardo erzeugt diesen Eindruck vor allem durch raffiniert gesetzte Schatten. Die besondere Ausstrahlung des Gemäldes beruht nicht zuletzt auf da Vincis Maltechnik: Sie gibt den Hintergrund wie durch einen Schleier wieder und zeichnet im Gesicht der Porträtierten sehr weiche Hell-Dunkel-Übergänge. Durch diese leichte

Unschärfe wirkt das Bild natürlich und gleichzeitig wenig greifbar, fast entrückt. Hinzu kommt, dass Leonardo für die Porträtierte und für die Landschaft im Hintergrund – der Betrachter erkennt es erst auf den zweiten Blick – unterschiedliche Perspektiven gewählt hat. Verbunden mit der ganz speziellen Ausstrahlung der jungen Frau, die so erhaben wie lebendig wirkt und deren Gesichtsausdruck zugleich große Deutungsspielräume zulässt, zieht das Gemälde bis heute den Betrachter in seinen Bann.

Leonardo da Vinci verkaufte das Bild kurz vor seinem Tod an den französischen König, später kam es nach Versailles, nach der Französischen Revolution in den Louvre.

Warum man es kennen muss: Die *Mona Lisa* gilt als das berühmteste Gemälde der Welt und ihr Schöpfer Leonardo da Vinci als das Universalgenie der Renaissance: Naturwissenschaftler, Architekt, Bildhauer und Maler in einer Person. Auch wer nie in Paris war, kennt seine *Mona Lisa*: von Kunstdrucken, Postkarten oder Kaffeetassen. Besonders im 20. Jahrhundert wurde das Gemälde von zahlreichen Künstlern zitiert und verfremdet, so vom russischen Maler Kasimir Malewitsch *(Sonnenfinsternis mit Mona Lisa)*, Andy Warhol *(Thirty Are Better Than One)* oder Joseph Beuys *(Giocondologie)*. Auch in der Literatur *(Sakrileg* von Dan Brown) und der Musik *(Mona Lisa* von Evans/Livingston) wurde das Bild häufig aufgegriffen. Das größte Rätsel gibt allen bis heute das inzwischen sprichwörtliche »Lächeln der Mona Lisa« auf. Erst kürzlich haben Wissenschaftler des Freiburger Universitätsklinikums in einer aufwendigen Studie herausgefunden, dass zumindest die heutigen Betrachter die *Mona Lisa* wirklich als fröhlich wahrnehmen. Es wird sicher nicht das letzte Wort sein.

 **David**

Bildhauer: Michelangelo Buonarotti
Datierung: 1501 bis 1504/Galleria dell'Accademia
   in Florenz
Fach: Kunst
Thema: Bildhauerei

Darum geht es: 5,17 Meter misst Michelangelos Monumentalstatue des alttestamentarischen, allerdings völlig nackten David. Mit der Steinschleuder, die lässig auf seiner Schulter liegt, wird er gleich den Stein, den er in der rechten Hand hält, auf den riesigen Philister-Krieger Goliath katapultieren und ihn damit zu Fall bringen. Davids Blick ist in die Ferne gerichtet; seine Körperhaltung ist entspannt, die hervorstehenden Adern an der rechten Hand sowie eine angespannte Gesichts- und Nackenpartie zeugen aber von seiner Kampfbereitschaft. Die Szene aus dem 1. Buch Samuel gehört wohl zu den bekanntesten, wirklich sprichwörtlichen Geschichten der Bibel.

Michelangelo hat das Standbild im Auftrag der mächtigen Florentiner Wollweberzunft aus einem großen Carrara-Marmorblock gehauen – zwei andere Bildhauer waren vor ihm an dieser Aufgabe gescheitert. Zunächst stand die mächtige Skulptur im Freien vor dem Palazzo Vecchio, dem Sitz der städtischen Ratsversammlung. Um sie vor Witterungseinflüssen zu schützen, zog sie 1873 in die Florentiner Kunstakademie (Galleria dell'Accademia) um. An ihrem ursprünglichen Platz wurde später eine Marmorkopie aufgestellt, auf der Piazzale Michelangelo steht ein Bronzeabguss.

Warum man es kennen muss: Die *David*-Statue ist ein wichtiges Zeugnis der Renaissance. Von der Antike inspiriert, wurde der Mensch in idealisierter Nacktheit gezeigt. Die Bildhauerei befreit sich zudem von ihrer mittelalterlichen Bindung an die Architektur. Es entstanden zunehmend frei stehende Statuen, die auf öffentlichen Plätzen aufgestellt und von allen Seiten betrachtet werden konnten. Michelangelos *David* ist eine Ikone der Bildhauerei und sicherlich eine der bekanntesten Skulpturen der Kunstgeschichte, Nachbildungen finden sich auf der ganzen Welt. Zugleich zeugt sie von der enormen Schaffenskraft Michelangelos, einem der bedeutendsten Renaissancekünstler, dem die Welt auch die Deckenmalereien in der Sixtinischen Kapelle im Vatikan oder die *Pietà* im Petersdom verdankt.

 Weihnachtsoratorium

Komponist: Johann Sebastian Bach
Datierung: Uraufführung 1734/35 in Leipzig
Fach: Musik
Thema: Musikalischer Barock

Darum geht es: Das *Weihnachtsoratorium* erzählt und feiert (»Jauchzet, frohlocket«) die Weihnachtsgeschichte: die Geburt Jesu Christi im Stall von Bethlehem, die Nachricht von der Geburt an die Hirten, die Anbetung Jesu im Stall sowie die Beschneidung und Namensgebung Jesu und den Besuch der Weisen aus dem Morgenland. Dem folgt ein feierlicher Schlussteil (»Ich steh an deiner Krippen hier«).

Präsentiert wird das Heilsgeschehen von Orchester, (Knaben-)Chor und Solisten; die Gesangspassagen werden durch die Rede des Evangelisten verbunden: Der Text folgt in Teilen den Evangelien nach Matthäus und Lukas. Das Oratorium war nicht zur durchgehenden Aufführung vorgesehen. Es besteht aus sechs Kantaten, die Bach ursprünglich für die Feiertage rund um Weihnachten geschrieben hat: für die damals noch üblichen drei Weihnachtsfeiertage (zwischen dem 25. und 27. Dezember), Neujahr als Tag der Beschneidung Jesu, den Sonntag nach Neujahr und den Dreikönigstag. Heutzutage wird das Weihnachtsoratorium oft zur Gänze oder in Teilen in der Adventszeit gespielt.

Warum man es kennen muss: Johann Sebastian Bach wird von vielen als der bedeutendste und kreativste Komponist aller Zeiten angesehen. Seine Oratorien und Passionen, seine Orchestersuiten und Konzerte gelten als Krönung des musikalischen Barock. Die schiere Fülle seiner Werke ist überwältigend, sein Beitrag zur Musikgeschichte, zur Entwicklung der musikalischen Formensprache kaum zu überschätzen. Obwohl er lediglich im heutigen Thüringen und Sachsen wirkte, ist sein Einfluss auf die nachfolgenden Komponisten gewaltig. Ob Mozart, Beethoven, Mendelssohn Bartholdy (der sich für die Wiederaufführung seiner Werke einsetzte), Schumann, Chopin, Liszt oder Brahms – sie alle studierten seine Kompositionen und setzten sich mit ihnen auseinander. Seit der Mitte des 19. Jahrhunderts gehören seine Werke zum festen Repertoire der klassischen Musik. Aus der Kirchenmusik, vor allem aus der evangelischen, sind sie nicht wegzudenken.

Die Auswahl eines Werkes für einen Allgemeinbildungskanon ist bei Bach ganz besonders schwierig. Wer seine Orgelmusik liebt, der mag an die *Toccata und Fuge in d-Moll* denken. Viel spricht auch für die *Matthäus-Passion*, sein umfangreichstes und am stärksten besetztes Werk, ein Höhepunkt protestantischer Kirchenmusik. Ich habe mich für das *Weihnachtsoratorium* entschieden, weil es einerseits eindrucksvoll Bachs künstlerischen Rang demonstriert, andererseits aber auch einen ebenso bekannten wie optimistischen, hoffnungsfrohen Moment der christlichen Überlieferung, die zur Tradition unseres Landes gehört, repräsentiert.

 Die Zauberflöte

Komponist: Wolfgang Amadeus Mozart
Libretto: Emanuel Schikaneder
Datierung: Uraufführung 1791 in Wien
Fach: Musik
Thema: Oper

Darum geht es: Die Königin der Nacht bewegt den jungen Prinzen Tamino, ihre Tochter Pamina aus den Händen des Fürsten Sarastro zu befreien, der sie entführt hat. Sie übergibt ihm eine magische Flöte und schickt den naiven und lebenslustigen Vogelfänger Papageno mit ihm auf die Reise. Papageno findet Pamina in Sarastros Reich; die beiden wollen zu Tamino fliehen, werden aber von Monostatos, Sarastros Sklavenaufseher, aufgehalten. Derweil erklärt man Tamino in Sarastros Tempel, dass dieser nur gute Absichten verfolgt. Um sie vor der Königin der Nacht zu schützen, will Sarastro Pamina aber nicht freilassen.

Sarastro wünscht, dass Tamino in die Weisheitslehren des Tempels eingeweiht werde. Er sei zudem für Pamina bestimmt, und für Papageno gebe es eine Papagena. Zuvor müssten sie aber drei Prüfungen bestehen. Tamino gelingt das durch Charakterstärke und mithilfe seiner Zauberflöte. Und auch Papageno wird mittels eines magischen Glockenspiels mit Papagena vereint. Die Königin der Nacht versucht einen Überfall auf den Tempel, wird aber mit Monostatos und ihren Helferinnen vernichtet, Tamino und Pamina werden schließlich in Sarastros Kreis der Eingeweihten aufgenommen. »Es siegte die Stärke, und krönet zum Lohn / Die Schönheit und Weisheit mit ewiger Kron'« besiegelt der Chor das Happy End.

Die *Zauberflöte* ist ein Singspiel, also eine Oper mit Sprechpassagen, in der spezifisch wienerischen Tradition des Kasperl- und Zaubertheaters, die beim Volk sehr beliebt waren, von der Warte großer Kunst aber gering geschätzt wurden. So ist die *Zauberflöte* eine wilde Mischung aus Volksliedweisen und hoher Oper, erhabenen und lustigen Szenen, würdevollem Ton und ausgelassener Lebensfreude. Anspielungen auf die Freimaurerei lassen Teile der Handlung rätselhaft erscheinen.

Warum man es kennen muss: Mozarts *Zauberflöte*, seine letzte Oper vor seinem Tod im Dezember 1791, gehört in Deutschland und weltweit zu den beliebtesten und meistinszenierten Opern. Eingängige Arien wie »Der Vogelfänger bin ich ja« oder »Dies Bildnis ist bezaubernd schön« erleichtern auch nicht so opernaffinen Menschen den Zugang zum Musiktheater. Und die rasanten Koloraturen der Königin der Nacht in »Der Hölle Rache« gehören zu den großen Ikonen der klassischen Musik. Man kann darüber streiten, ob es in Mozarts Werk größere und bedeutendere

Opern gibt, die *Zauberflöte* aber vereint wohl wie keine andere Popularität mit Tiefe, märchenhaften Charme mit musikalischer Raffinesse.

Das Lied der Deutschen

Komponist: Joseph Haydn
Textdichter: August Heinrich Hoffmann von Fallersleben
Datierung: 1797 (Musik), 1841 (Text)
Fach: Musik / Geschichte / Politik
Thema: Nationalhymne

Darum geht es: Das *Lied der Deutschen*, genauer seine dritte Strophe, ist unsere Nationalhymne. Der Germanistikprofessor Hoffmann von Fallersleben dichtete das Lied 1841 auf der (damals britischen) Insel Helgoland zur Melodie der österreichischen Kaiserhymne von Joseph Haydn. Angesichts der politischen und territorialen Zersplitterung Deutschlands bringt er die Sehnsucht nach einem geeinten Vaterland zum Ausdruck. Zunächst war es nur eines unter vielen Liedern der deutschen Nationalbewegung, die von freiheitlich gesinnten Bürgern angestimmt wurden. Öffentlich gesungen wurde das *Lied der Deutschen* erstmals 1841, in Hamburg, zu Ehren des liberalen badischen Politikers (und seines akademischen Lehrers) Karl Theodor Welcker. Während die erste Strophe deutsche Größe im Zeichen der Brüderlichkeit besingt, lobt die zweite Strophe Wein, Weib und Gesang, aber auch die Treue – als Motivation zu »edler Tat«. Erst die dritte Strophe bringt mit »Einigkeit und Recht und Freiheit« die Tugenden zur Sprache, die wir auch heute noch als verbindend betrachten.

Bis zur deutschen Einigung vergingen noch einmal drei-ßig Jahre, danach huldigte man bis zum Ende des Ersten Weltkriegs dem Kaiser mit der Hymne *Heil dir im Sieger-kranz.* Erst 1922 wurde das *Deutschlandlied*, wie es auch genannt wird, auf Veranlassung des Reichspräsidenten Friedrich Ebert (SPD) mit allen drei Strophen zur offizi-ellen Nationalhymne Deutschlands bestimmt. In der Zeit des Nationalsozialismus wurde nur die erste Strophe ge-sungen (»Deutschland, Deutschland über alles ...«), auf die das *Horst-Wessel-Lied*, die Parteihymne der Nazis, folgte. 1952 wurde durch einen Briefwechsel zwischen Bundes-präsident Theodor Heuss (FDP) und Bundeskanzler Konrad Adenauer (CDU) festgelegt, dass *Das Lied der Deutschen* die Nationalhymne bleiben, bei offiziellen Anlässen aber nur die dritte Strophe (»Einigkeit und Recht und Freiheit ...«) gesungen werden sollte. Die DDR entschied sich für eine neue Komposition, *Auferstanden aus Ruinen,* von Johan-nes R. Becher (Text) und Hanns Eisler (Musik). In einem Briefwechsel zwischen Bundespräsident Richard von Weizsäcker und Bundeskanzler Helmut Kohl (beide CDU) wurde 1991 die dritte Strophe zur Nationalhymne des wie-dervereinigten Deutschlands erklärt.

Warum man es kennen muss: Dass die Nationalhymne des Landes, in dem man lebt, zur Allgemeinbildung gehört, muss man wohl nicht lange begründen. Bei feierlichen An-lässen gemeinsam gesungen, ist sie ein Zeichen der Verbun-denheit der Bürgerinnen und Bürger untereinander und mit ihrem Land. Auch eine freiheitliche Gesellschaft und ein demokratischer Rechtsstaat brauchen solche Symbole und Rituale, um den sozialen Zusammenhalt zu fördern.

Es lohnt sich aber auch, einen Moment darüber nachzudenken, dass die Musik, die Hoffmann von Fallersleben seinem Text unterlegt hat, ein Loblied auf den Kaiser aus dem Ende des Ancien Régime war. Und dass Haydn diese Melodie in sein Streichquartett in C-Dur, op. 76, Nr. 3 (Hob. III: 77) integriert hat. Ist es nicht eine charmante Idee, dass das, was heute mit mehr oder weniger Taktgefühl an Gedenktagen und in Fußballstadien geschmettert wird, zugleich ein Stück fein ziselierter Kammermusik ist? Die Variationen, die Haydn seiner Melodie widmet, können uns vielleicht mehr über nationale Identität in einer globalisierten Welt erzählen, als der Text allein uns glauben lässt: Auch Deutschsein ist ein Thema mit Variationen.

 Abendlied
(Der Mond ist aufgegangen)

Autor: Matthias Claudius
Komponist: Johann Abraham Peter Schulz
Datierung: 1779 (Text), 1790 (Musik)
Fach: Musik / Deutsch
Thema: Deutsches Volkslied

Darum geht es: Claudius' *Abendlied* beschreibt die Stimmung an einem sternenklaren Abend nach dem Aufgehen des Mondes. Die Welt gleiche nun einer stillen Kammer, in der der Mensch schlafen und seinen Jammer vergessen könne. Dass der Mond nur halb zu sehen, wir aber doch wissen, dass er »rund und schön« ist, erinnert daran, dass der

Augenschein allein nicht ausreicht, um die Welt im Ganzen zu erkennen. Mit der vierten Strophe wendet das Gedicht sich deutlich der religiösen Sphäre zu: Die Menschen seien »eitel arme Sünder«, die nicht viel wissen. In den letzten drei Strophen geht das Lied in ein Gebet über: Gotte möge uns fromm und fröhlich wie Kinder machen, einen sanften Tod bescheren und danach »in Himmel kommen« lassen. Das Lied endet mit dem Wunsch nach einem von Gott behüteten Schlaf, auch für den kranken Nachbarn. Von den sieben Strophen des Liedes werden häufig nur die ersten drei und die letzte gesungen. Johann Abraham Peter Schulz, von dem die Melodie stammt, hat auch das bekannte Weihnachtslied »Ihr Kinderlein, kommet« komponiert.

Warum man es kennen muss: Bis heute ist Matthias Claudius' *Abendlied* eines der beliebtesten deutschen Volkslieder. Es wird auch noch recht häufig gesungen, als Schlaflied für Kinder, in Gottesdiensten (es ist in den evangelischen und katholischen Gesangbüchern zu finden), auch bei Beerdigungen (etwa der von Helmut Schmidt im Jahr 2015). Zum ersten Mal wurde es 1779 im *Musenalmanach* des Homer-Übersetzers Johann Heinrich Voss veröffentlicht. Johann Gottfried Herder nahm es als einziges zeitgenössisches Gedicht in seine Volksliedersammlung auf; danach fehlte es in kaum einer Anthologie. Neben der Vertonung durch Schulz gibt es noch mehr als siebzig weitere, etwa von Franz Schubert oder Carl Orff. Es existieren unzählige Interpretationen und Parodien dieses Gedichtes, einzelne Zeilen dienen als Titel für Krimis und Gemälde. Für einige Aufregung sorgte die Evangelische Kirche, als sie im Gesangbuch für den Kirchentag 2017 die letzte Zeile »geschlechtsneutral« umdichtete. Statt »und unsern kranken Nachbarn auch« hieß es dort: »und alle kranken Menschen auch«.

 Der Wanderer über dem Nebelmeer

Maler: Caspar David Friedrich
Datierung: 1818/Hamburger Kunsthalle
Fach: Kunst
Thema: Malerei der Romantik

Darum geht es: Im Zentrum des Gemäldes (Öl auf Leinwand) sieht man einen mit einem dunkelgrünen Gehrock gekleideten Mann mit rotbraunen Haaren, der dem Betrachter den Rücken zuwendet. Er steht, auf einen Stock gestützt, aufrecht auf einem, im Gegenlicht dunklen, braungrauen Felsvorsprung. Vor ihm sind weitere Bergspitzen zu sehen, die aus einer zerrissenen Nebeldecke herausragen. Sein Blick ist möglicherweise auf einen höheren Gipfel gerichtet, der sich links im Bildhintergrund erhebt. Der Himmel ist bewölkt, lässt aber an einigen Stellen die Sonne durchscheinen.

Friedrich entwickelte die Rückenfigur zum zentralen Thema der Landschaftsmalerei. Dadurch wird der Blick des Betrachters in die unendlich scheinende Ferne gelenkt und öffnet ihm breiten Raum dafür, seinen eigenen Gefühlen und Gedanken zu folgen. Öffentlich bekannt wurde das Gemälde erst 1950, und erst dann wurde ihm auch der Titel zugeschrieben.

Warum man es kennen muss: Caspar David Friedrich gilt als der bedeutendste Kunstmaler der deutschen Romantik und ist neben dem Renaissance-Künstler Albrecht Dürer der wohl berühmteste deutsche Maler. Dabei geriet er Mitte des 19. Jahrhunderts zunächst in Vergessenheit. Die Nationalsozialisten vereinnahmten ihn später für ihre Propaganda, weshalb die Pflege seines Werks nach dem Krieg vernachlässigt wurde. Erst zu seinem 200. Geburtstag 1974 wurden ihm wieder große Ausstellungen in Ost- und Westdeutschland gewidmet, und seine Bilder gewannen nach und nach an Beliebtheit.

Nach Friedrichs Auffassung sollte die Kunst als »Mittlerin zwischen die Natur und den Menschen« treten; seine Landschaften sind vielfältig spirituell und religiös aufgeladen – durchaus typisch für seine Epoche. Der *Wanderer über dem Nebelmeer* ist auch durch die vielfache mediale Verwendung zum Symbol der deutschen Romantik und einer ebenfalls als deutsch begriffenen Sinnsuche geworden, deshalb ziehe ich es hier den ebenfalls bedeutenden Gemälden Friedrichs *Der Mönch am Meer* und *Kreidefelsen auf Rügen* vor. Es ist ein anschauliches Beispiel dafür, dass Romantik als Epochenbegriff nichts mit Kerzenschein und Kuschelrock zu tun hat. Seine Bilder mit ihrer melancholischen, sehnsüchtigen, in sich gekehrten Stimmung wirken unmittelbar auch auf den heutigen Betrachter: Eine Sonderausstellung seiner Werke in Essen im Jahr 2006 zog allein 350 000 Besucher an. Vielleicht auch, weil man auf ihnen etwas findet, was in Deutschland selten geworden ist: eine vom Menschen noch weitgehend unberührte Natur.

 Sinfonie Nr. 9 d-Moll op. 125

Komponist: Ludwig van Beethoven
Datierung: Entstehung zwischen 1815 und 1824,
Uraufführung 1824 in Wien
Fach: Musik
Thema: Wiener Klassik

Darum geht es: Selten lässt sich die Frage, worum es geht, schwerer beantworten als im Fall von Beethovens 9. Sinfonie. Denn dass es um etwas geht, kann man wohl nicht bestreiten, auch wenn diese Sinfonie – anders als etwa die *Eroica* (die 3.) oder die *Pastorale* (die 6.) – keinen programmatischen Titel trägt. Da es Beethovens letzte Sinfonie ist; da er sie schrieb, als er bereits taub war; da sie mit rund 70 Minuten von monumentaler Länge ist, muss es um viel gehen: sozusagen letzte Worte des immer mit den Schicksalsmächten ringenden Maestro.

Auf drei Instrumentalsätze folgt der vierte Satz, der ebenfalls instrumental beginnt, das »An die Freude«-Thema aber schon anspielt und variiert. Eine Fanfare unterbricht jäh diese Passage, und mit dem Ruf der Bariton-Stimme »Oh Freunde, nicht diese Töne« setzt der Teil ein, der der Sinfonie einen nicht geringen Teil ihres bleibenden Ruhms eingetragen hat: Das Orchester wird nun von einem Sängerquartett und einem vierstimmigen Chor ergänzt, die Schillers Gedicht *An die Freude* singen. Aus einer Sinfonie, die normalerweise ein reines Instrumentalwerk ist, wird so eine sogenannte Sinfoniekantate.

Warum man es kennen muss: In Beethovens Neunter spricht sich, wie der Musikwissenschaftler Martin Geck resümiert, »der Anspruch auf Glück (aus), den Beethoven im Medium seiner Kunst lebenslang aufrechterhalten hat«. Vielleicht erklärt das Beethovens ungebrochene Popularität?

Beethoven führte die Wiener Klassik zu ihrer höchsten Entwicklung und bereitete der Musik der Romantik den Weg. Mit seinen neun Sinfonien setzte er einen Standard, an dem sich Komponisten wie schon sein Zeitgenosse Franz Schubert bis hin zu Gustav Mahler am Beginn des 20. Jahrhunderts maßen. »Wenn der Deutsche von Sinfonien spricht«, sagte Robert Schumann, »so spricht er von Beethoven.« Dass er aber bis heute zu den meistgespielten Komponisten der Welt gehört, liegt wohl nicht vor allem an seiner musikhistorischen Bedeutung, sondern daran, dass seine Musik mit ihrem Schwung, ihrem Pathos, ihrer Zartheit und ihrem Mut die Menschen erreicht. Seine Neunte ist weltweit eines der populärsten Werke der klassischen Musik: Kaum eine Silvesterfeier zwischen Berlin und Tokio kommt ohne sie aus. Und der weltumarmende Schwung des »Freude schöner Götterfunken« schwört auch die europäische Gemeinschaft ein: Das Hauptthema wurde 1985 (in einem textlosen Arrangement Herbert von Karajans) von der Europäischen Gemeinschaft als offizielle Europahymne angenommen.

 **Das Rheingold**

Komponist und Librettist: Richard Wagner
Datierung: Beginn der Komposition 1853,
    Uraufführung 1869 in München
Fach: Musik
Thema: Gesamtkunstwerke

Darum geht es: *Das Rheingold* bildet zusammen mit den Musikdramen *Die Walküre*, *Siegfried* und *Götterdämmerung* die Tetralogie *Der Ring des Nibelungen*. Mit zweieinhalb Stunden Spielzeit ist es das kürzeste der vier Werke; die folgenden werden immer länger, bis die *Götterdämmerung* etwa fünf Stunden erreicht.

Das Orchester setzt ein mit einem von Hörnern und Celli gespielten, sich aus einem einfachen Dreiklang entwickelnden Thema, das nicht nur den Beginn eines monumentalen Bühnenwerks zu bezeichnen scheint, sondern der Musik überhaupt. Auf dem Grund des Rheins bewachen die Rheintöchter einen Schatz, das Rheingold. Nur wer für immer der Liebe entsagt, kann sich daraus einen Ring schmieden, der seinem Träger die Weltherrschaft verleiht. Der Zwerg Alberich aus dem Geschlecht der Nibelungen reißt das Gold an sich und verflucht die Liebe. Mit einer List gelingt es dem Göttervater Wotan, Alberich den Schatz und den Ring zu entreißen – der verflucht den Ring, damit er jeden seiner Besitzer ins Verderben stürzt. Fasolt und Fafner, zwei Riesen, in deren Schuld Wotan steht, fordern nun Schatz und Ring von ihm. Die Urmutter Erda prophezeit die Götterdämmerung, das Ende der Götterwelt, und warnt Wotan vor dem Fluch des Rings. Kaum in den Besitz des Rings gekommen, erschlägt Fafner Fasolt. Wotan und die anderen Götter können ihre Burg in

Besitz nehmen. Die Rheintöchter klagen um das verlorene Gold. Durch den Einsatz wiederkehrender musikalischer Motive in der gesamten Oper wird auf die anschließenden Stücke verwiesen.

Warum man es kennen muss: Wagners *Ring* ist ein Werk der Maßlosigkeit, was die Größe der Konzeption, die Vielfalt der Themen, die Spieldauer, die Anforderungen an Sänger und Musiker angeht. Richard Wagner hat für die Oper etwas völlig Neues geschaffen, das er im Zusammenspiel von Dichtung, Musik und Theater »Gesamtkunstwerk« nannte. Seine Werke gelten als Höhepunkt der romantischen Musik und beeinflussten spätere Komponisten, etwa Anton Bruckner, erheblich. Seine Stoffe zog er aus deutschen Mythen und Sagen: Er profitierte von der Wiederentdeckung mittelalterlicher Texte im 19. Jahrhundert und trug zugleich viel zu ihrer Verbreitung bei. Typisch für Wagners Musik ist es, Personen, Ideen, Gegenständen oder Gefühlen sogenannte Leitmotive zuzuordnen, die einen hohen Wiedererkennungswert haben – eine Technik, die uns bis heute in vielen Hollywoodfilmen begegnet. *Der Ring des Nibelungen*, dessen ersten Teil ich ausgewählt habe, weil er die Basis für das Verständnis dieses monumentalen Werkes legt, bringt einem nebenbei Motive des *Nibelungenlieds* nahe, das als deutsches Nationalepos gilt. Heutigen Schülern wird auch nicht entgehen, wie viel Tolkien für seinen *Herrn der Ringe* bei Wagner gefunden hat.

Schwarzes (suprematistisches) Quadrat

Maler: Kasimir Malewitsch
Datierung: 1915/Tretjakow-Galerie, Moskau
Fach: Kunst
Thema: Abstrakte Malerei

Darum geht es: Das Bild (Öl auf Leinwand) zeigt ein schwarzes Quadrat mittig auf ein weißes Quadrat gesetzt. Schwebt es darüber? Oder ist es ein schwarzes Quadrat mit einem weißen Rand, der es in gleichmäßigem Abstand umgibt? Ohne dass der Maler mit Mitteln des perspektivischen Zeichnens arbeitet, erreicht er doch eine erstaunliche Tiefenwirkung: Man kann das schwarze Quadrat auch als ein Fenster in einen unendlichen Raum sehen. Wer genauer hinschaut, sieht kleine, altersbedingte Risse in seiner Oberfläche, das sogenannte Craquelé, durch das die weiße Grundierung durchscheint – das gibt Antwort auf die Reihenfolge des Farbauftrags, ist aber auch eine Einladung, genauer auf das Dahinter zu achten. Wenn man sich darauf einlässt, ist das Gemälde vielfältig interpretierbar und nicht auf seine geometrische Form zu reduzieren. Die Offenheit der Deutung war auch dem Künstler wichtig. Für ihn selbst erfüllte das Bild eine ähnliche Funktion wie die religiösen Ikonen: eine Aufforderung zur Versenkung. In der Ausstellung *0,10*, die dieses Werk erstmals zeigte, wurde es folgerichtig gehängt wie die Ikone in russischen Häusern: in der höchsten Ecke des Raumes, mit der Bildfläche schräg nach unten.

Warum man es kennen muss: Weniger gegenständlich geht es nicht. Mit diesem Bild hat Malewitsch die Abstraktion auf die Spitze getrieben und die abstrakte Malerei zugleich erst wirklich begründet. Dadurch gehört das *Schwarze Quadrat* zu den zentralen Werken der Malerei des 20. Jahrhunderts: In der Kunstgeschichte gilt es als eine (weltliche) Ikone der Moderne. Neben Piet Mondrian war Malewitsch der radikalste Vertreter der ungegenständlichen Malerei. Malewitsch nannte seine Stilrichtung Suprematismus, er proklamierte den Vorrang der reinen Empfindung vor der gegenständlichen Welt. Das war radikaler als der Kubismus, der nicht die absolute Gegenstandslosigkeit des Bildinhalts forderte. »Das Quadrat ist nicht das Bild«, sagte Malewitsch. »So, wie der Schalter und der Stecker auch nicht der Strom sind.« In der Sowjetunion wurde während der Stalinzeit und bis in die 1980er Jahre gegen seine abstrakte Kunst der Vorwurf des »Formalismus« (also, kurz gesagt, des rein Ästhetischen) erhoben. Malewitsch beeinflusste maßgeblich Künstler wie Samuel Beckett, Noriyuki Haraguchi, Günther Uecker und Sigmar Polke, aber auch viele Designer und Architekten des 20. Jahrhunderts. Und bewegt mit der klaren Formensprache seiner Bilder noch die heutigen Betrachter.

 **Der fallende Soldat**

Fotograf: Robert Capa
Datierung: 1936
Fach: Kunst
Thema: Fotografie

Darum geht es: Das Foto zeigt einen republikanischen Soldaten im Spanischen Bürgerkrieg im Moment seines Todes. Der Mann läuft einen Hang hinunter, seine Beine sind noch in Schrittstellung angewinkelt, sein Oberkörper kippt nach hinten. Vermutlich wurde er eben erst von einer Kugel getroffen. Am ausgestreckten rechten Arm hält er noch sein Gewehr. Er trägt ein weißes Hemd sowie eine helle und weite lange Hose. Darüber sind an Gurten Patronentaschen befestigt. An seiner Mütze ist eine Troddel zu sehen, die offenbar durch einen Ruck nach oben geschnellt ist. Sonst sieht man nur eine menschenleere Landschaft. Der ungarisch-amerikanische Fotograf Robert Capa berichtet, dass er sich mit Soldaten der Spanischen Republik in den Schützengräben aufhielt, während sie von den Truppen Francos unter Feuer genommen wurden. Ohne durch den Sucher zu schauen, habe er die Kamera hochgehalten und den Auslöser gedrückt.

Warum man es kennen muss: Das Bild ist das ikonografische Foto des 20. Jahrhunderts. Es zeigt erstmals einen Soldaten im Moment seines Todes auf dem Schlachtfeld. Dieser Meilenstein der Fotografie wurde möglich durch das Aufkommen der Kleinbildkameras, die leicht zu transportieren und zu handhaben waren. Diese Mobilisierung der Technik erlaubte es, spontan zu agieren und so existenzielle Momente wie eben den Tod einzufangen. Von Capa ist das Zitat überliefert: »Wenn deine Bilder nicht gut genug sind, warst du nicht nah genug dran.«

Die Authentizität des Fotos wird seit den 1970er Jahren angezweifelt. Ein Kollege Capas behauptete, dass die Szene nachgestellt sei, lieferte aber keine Beweise dafür. Historiker wollen herausgefunden haben, dass es in der Gegend, in der Capa das Foto aufgenommen haben will, zu der Zeit keine Todesfälle gab. Der Zweifel an der Echtheit des Bildes konnte aber seine Wirkung auf den Betrachter und seine Bedeutung als Meilenstein der Reportagefotografie nicht schmälern.

 **Guernica**

Maler: Pablo Picasso
Datierung: 1937/Museo Nacional Centro de Arte
Reina Sofía in Madrid
Fach: Kunst
Thema: Malerei des 20. Jahrhunderts

Darum geht es: Das Kolossalgemälde (3,49 × 7,77 Meter; Öl auf Leinwand) erinnert an die Zerstörung der baskischen Stadt Guernica im Spanischen Bürgerkrieg durch Flugzeuge der deutschen Legion Condor im April 1937. Das in unterschiedlichen Grautönen gehaltene Bild zeigt eine Schreckensszene: In einem amorphen dunklen Raum, von Feuer und Verwüstung gezeichnet, sind fliehende, tote, verstümmelte, am Boden liegende, sich aufbäumende Menschen sowie ein Stier und ein Pferd zu sehen. Es herrscht eine

Atmosphäre panischer Angst. Eine Lampe mit nackter Birne an der Decke spendet etwas Licht, ein abgetrennter Arm hält eine Blume und ein zerbrochenes Schwert. Die Figuren sind kubistisch zerlegt und facettiert: Es gibt keine eindeutige Perspektive, die Szene und die Figuren sind aus verschiedenen Ansichten zusammengesetzt. Anleihen bei der christlichen Kunst nimmt Picasso in einigen Motiven (z. B. die an eine Pietà erinnernde Mutter mit einem toten Kind im linken Teil des Bildes), aber auch, indem er die mächtige Fläche des Gemäldes als Triptychon dreiteilt.

Warum man es kennen muss: Pablo Picasso ist eines der stilprägenden Künstlergenies des 20. Jahrhunderts. Er beherrschte ganz unterschiedliche Malstile und wandelte sich im Laufe seiner rund siebzig Jahre dauernden Karriere immer wieder, besonders prägte er aber den Kubismus, der sich Anfang des 20. Jahrhunderts als neuer Stil der Moderne durchsetzte. Typisch für diesen Stil ist die Malerei in vereinfachten Formen und mit einem reduzierten Farbspektrum, womit Bilder an der Grenze zwischen gegenständlicher und abstrakter Kunst entstehen.

Guernica ist nicht nur eines der berühmtesten Werke Picassos, es ist eine ikonische Darstellung der Schrecken, den die Kriege des 20. Jahrhunderts über die Menschen brachten. Und gleichzeitig ein deutliches persönliches Statement des Künstlers gegen totalitäre Gewalt. Die Bombardierung der unweit von Bilbao gelegenen Stadt Guernica war einer der ersten Luftangriffe mit dem Ziel, die Zivilbevölkerung vernichtend zu treffen. Die deutsche Luftwaffe, die im Spanischen Bürgerkrieg die Putschisten um Francisco Franco unterstützte, sollte im Vorfeld des Zweiten Weltkriegs bei dieser Gelegenheit auch Kampferfahrung sammeln.

Picasso malte das Bild im Auftrag der republikanischen Regierung Spaniens für den spanischen Pavillon auf der Weltausstellung in Paris 1937. Danach ging das Gemälde auf eine ausgedehnte Reise, war von 1939 bis 1981 im Museum of Modern Art in New York ausgestellt und wurde erst 1981 nach Spanien zurückgebracht, nachdem Franco gestorben und eine parlamentarische Monarchie errichtet worden war.

 Take the »A« Train

Komponist und Texter: Billy Strayhorn
Datierung: 1939
Fach: Musik
Thema: Jazz

Darum geht es: Das Lied wurde 1941 die Erkennungsmelodie des Duke-Ellington-Orchesters. Es stammt aber nicht von Ellington selbst, wie häufig fälschlich angenommen wird, sondern aus der Feder seines Freundes und Orchestermitglieds Billy Strayhorn. *Take the »A« Train* ist eines der stilprägenden Stücke der Jazzmusik. Duke Ellington steht vor allem für die Stilrichtung Swing, die eng mit dem Entstehen von Bigbands (Ensemble mit Holz- und Blechbläsern sowie einer Rhythmusgruppe unter anderem aus Klavier, Bass, Gitarre und Schlagzeug) verbunden ist.

Der Titel bezieht sich auf die Linie A der New Yorker U-Bahn, die von Brooklyn nach Harlem führt. Angeblich schrieb Billy Strayhorn das Stück für Duke Ellington, nachdem dieser ihm seine Adresse gegeben hatte und ihm riet, eben diese Linie nach Harlem zu nehmen. Das Stück bietet raffinierte Bläsersätze, schöne Gesangsparts, ein bemerkenswertes Drum-Break und ein vom »Duke« selber gespieltes Klavierintro und -solo.

Warum man es kennen muss: Der Jazz ist ein genuin amerikanischer Beitrag zur Musikgeschichte, denn auch wenn heute die Charts von US-Produktionen beherrscht werden, setzte doch lange die mitteleuropäische Musikproduktion Maßstäbe. Manche sehen den Jazz auch als amerikanische Antwort auf die europäische klassische Musik.

Jazz wurde um 1900 von Afroamerikanern in den Südstaaten der USA entwickelt. Er entstand aus einer Verschmelzung von afroamerikanischer Volksmusik und populärer amerikanisch-europäischer Musik. Der Begriff Jazz ist dabei umstritten: Die berühmte amerikanische Sängerin Nina Simone etwa vermied den Ausdruck und nannte ihre Musik »Black Classical Music«. Jazz hat sich über die Jahrzehnte weiterentwickelt und ausdifferenziert, mit anderen Musikstilen gemischt, und schon früh entdeckten auch weiße Musiker die neue Musikrichtung. Das Lied *Take the »A« Train* hat eine tiefe Spur in der Musikgeschichte hinterlassen. Ellington spielte es in unterschiedlichen Versionen immer wieder neu ein. Musiker wie Ella Fitzgerald, Louis Jordan, der Vater des Rhythm 'n' Blues, und Bobbie McFerrin übernahmen es in ihr Repertoire. Bis heute taucht es unter anderem in Filmen (etwa *Catch Me if You Can*) und Computerspielen (zum Beispiel *GTA*) immer wieder auf.

 **Johnny B. Goode**

Komponist und Texter: Chuck Berry
Datierung: 1955, veröffentlicht 1958
Fach: Musik
Thema: Rock 'n' Roll

Darum geht es: Das Stück ist der wohl persönlichste Song des Rock-'n'-Roll-Urvaters Chuck Berry. Er erzählt von einem Jungen vom Lande, aus dem tiefsten Louisiana, der nicht gut lesen und schreiben, dafür aber fantastisch Gitarre spielen kann. Seine Mutter prophezeit ihm, er werde eines Tages der Kopf einer großen Band sein, Leuchtreklamen würden seine Auftritte ankündigen und die Leute würden von weit her kommen, um seine Musik zu hören. Im Refrain feuert sie ihn an: »Go, Johnny, go!«

Das ist der amerikanische Traum, geträumt von einem farbigen Jungen, angelehnt an die Geschichte Chuck Berrys, der allerdings aus Missouri kam und sehr belesen war. Die Rhythmik und Harmonik des Songs, sein ganzer Sound enthalten alles, was Rockmusik ausmacht. Legendär ist das kräftige und spannungsgeladene Gitarren-Intro. Bei Liveaufführungen unterstrich noch Chuck Berrys typischer *Duckwalk* – ein federnder Gang, tief auf die Knie gesenkt und leicht x-beinig – die Dynamik des Songs. Mit dem »Johnny« im Titel setzte Berry zugleich dem Musiker Johnny Johnson ein Denkmal, der zwanzig Jahre lang in seiner Band Klavier spielte.

Warum man es kennen muss: Vermutlich ist *Johnny B. Goode* der einzige Rocksong, den Außerirdische je kennenlernen. Er ist neben Bildern des Menschen sowie Musik von Bach, Beethoven und Mozart auf der Voyager Golden

Record gespeichert, einer Art Botschaft der Menschheit an mögliche Mitbewohner im Weltall. 1977 wurde sie von der US-Weltraumorganisation NASA mit den beiden Voyager-Sonden auf den Weg geschickt: Den Rand unseres Sonnensystems haben sie schon erreicht.

Auf der Erde hat das Lied schon tiefe Spuren hinterlassen: Es wurde von zahlreichen Bands und Musikern gecovert, von AC/DC über Elton John bis Peter Tosh. Chuck Berry hat mit diesem und anderen Songs *(Roll Over Beethoven, Sweet Little Sixteen)* den Rock 'n' Roll geprägt und einen Ausdruck für das Lebensgefühl der jungen Leute nach dem Zweiten Weltkrieg gefunden, nicht nur in den USA. Er hat unter anderem Bob Dylan und die Rolling Stones maßgeblich inspiriert; von den Beatles ist die Aussage überliefert, dass sie ohne Chuck Berry vielleicht nie Musik gemacht hätten.

 ## Manche mögen's heiß

Originaltitel: Some Like It Hot
Regie: Billy Wilder
Drehbuch: Billy Wilder und I.A.L. Diamond
Datierung: 1959 (Original und deutsche Fassung)
Fach: Kunst
Thema: Filmkomödie

Darum geht es: Der Film spielt im Jahr 1929, zur Zeit der Prohibition. Die Musiker Jerry (Kontrabass) und Joe (Saxofon) müssen vor Mafiakillern aus Chicago fliehen: Zufällig wurden sie Zeugen, wie die Mafiosi von Gamaschen-

Colombo eine gegnerische Bande erschießen. Völlig pleite und in Panik heuern sie als Daphne beziehungsweise Josephine getarnt bei einer Damen-Jazzkapelle an, die gerade zu einem Engagement nach Florida aufbricht. Auf der Zugfahrt verlieben beide sich in die bezaubernde Sängerin und Ukulele-Spielerin Sugar. Und während der ängstlichere Jerry/Daphne vor allem darauf bedacht ist, dass ihre Tarnung nicht auffliegt, ist Joe wild entschlossen, Sugar für sich zu gewinnen. Ein Zufall kommt ihm zu Hilfe: Am Strand von Miami hält Sugar Joe, der nun natürlich Männerkleidung trägt, für den Millionenerben Shell Junior – sehr passend zu ihrem Plan, sich endlich reich zu verheiraten. Diese Rolle kann er weiterspielen, weil Osgood Fielding III., ein ältlicher Millionär und etwas trotteliger Schürzenjäger, sich wiederum im Ritz-Hotel bis über beide Ohren in das »Rasseweib« Daphne alias Jerry verliebt. Joe beschwatzt seinen Freund, mit Osgood Tango tanzen zu gehen – hingerissen von seiner energischen Partnerin, macht Osgood Daphne einen Heiratsantrag.

Währenddessen hat Joe Sugar auf Osgoods Jacht gelockt, die er als seine ausgibt. Joe/Shell Junior redet Sugar ein, er sei nach dem Tod seiner Verlobten für weibliche Reize völlig unempfänglich: Sugars Ehrgeiz ist geweckt, und sie setzt ihre ganze Verführungskunst ein, um ihn zu »heilen«. Im Hotel treffen sich derweil verfeindete Mafiafamilien zu einem Familienfest der anderen Art. Jerry und Joe werden erkannt und flüchten im Kugelhagel. Joe beichtet Sugar sein falsches Spiel, die aber schon bis über beide Ohren in ihn verliebt ist. Auch Osgood weicht nicht von seinem Plan ab, Daphne zu heiraten, auch wenn sie ihm das mit allen Mitteln auszureden versucht. Schließlich nimmt Jerry die Perücke ab. Osgood nimmt die Tatsache, dass seine Angebetete ein Mann ist, gelassen: »Na und? Niemand ist vollkommen.« (»Well, nobody's perfect.«)

Warum man es kennen muss: »Billy Wilder, wie haben Sie's gemacht?«, fragten der Regisseur Volker Schlöndorff und der Kritiker Helmut Karasek Anfang der 1990er Jahre den berühmten und damals schon hochbetagten Wilder. Eine Antwort darauf ist: mit genialem Timing. *Manche mögen's heiß* ist ein temporeicher und bis heute unglaublich witziger Film, mit rasanten Dialogen und turbulenten Slapstick-Einlagen. Das American Film Institute wählte ihn zur besten amerikanischen Filmkomödie aller Zeiten. Und der Schlusssatz »Nobody's perfect« ist selbst in der deutschen Alltagssprache gelandet. Der Film lebt aber auch von einem Spiel mit Geschlechterklischees, die zwar Ende der 1950er Jahre noch sehr viel fester zementiert waren als heute, aber nach wie vor funktionieren: Marilyn Monroe, die Schönheitsikone des 20. Jahrhunderts, beweist, dass sie eine wirklich erstklassige Sängerin und Schauspielerin ist. Jack Lemmon und Tony Curtis spielen sich mit ihrem komödiantischen Talent gegenseitig an die Wand. Der geniale Regisseur Billy Wilder, der als Sohn jüdischer Eltern vor den Nazis aus Deutschland fliehen musste, hat mit diesem Star-Ensemble einen Film produziert, der bei Publikum und Kritikern Begeisterung auslöste und heute ein unumstrittener Filmklassiker ist.

 **Psycho**

Regie: Alfred Hitchcock
Drehbuch: Joseph Stefano
Datierung: 1960 (Original und deutsche Fassung)
Fach: Kunst
Thema: Thriller

Darum geht es: *Psycho* gehört zu den Filmen, die vermutlich vor allem wegen einzelner Szenen bekannt sind. Deren Prägnanz ist aber so groß, dass der Film zu einem der Klassiker des Genres Thriller geworden ist.

Marion Crane, eine attraktive Sekretärin aus Phoenix, unterschlägt in ihrer Firma 40 000 Dollar, um sich eine finanzielle Basis für die Heirat mit ihrem Freund zu schaffen. Bei ihrer Flucht aus der Stadt verfährt sie sich und beschließt, in einem abgelegenen Motel zu übernachten. Dessen Eigentümer Norman Bates, ein etwas verklemmt wirkender junger Mann, erzählt ihr, dass er keine Freunde hat und mit seiner Mutter im Nachbarhaus zusammenlebt. Sein Hobby ist das Präparieren von Vögeln. Später am Abend hört Marion einen Streit zwischen Mutter und Sohn mit: Normans Mutter verbietet ihm Kontakte zu Frauen, weil sie »schmutzig« sind.

Vor dem Schlafengehen will Marion duschen. Als sie unter dem laufenden Wasser steht, nähert sich eine Gestalt in Frauenkleidern und ersticht sie brutal. Bates entdeckt die Leiche, beseitigt alle Spuren und versenkt Marion Cranes Körper und ihr Gepäck in ihrem (gemieteten) Auto in einem nahe gelegenen Sumpfgebiet.

Marions Chef hat währenddessen einen Privatdetektiv beauftragt, nach ihr zu suchen. Als er im Motel ermittelt, wird er von der gleichen Frau erstochen. Nun machen sich

Marion Cranes Freund Sam und ihre Schwester Lila auf die Suche nach ihr. Sie erfahren vom örtlichen Sheriff, dass Bates' Mutter schon vor Jahren gestorben ist. Lila entdeckt im Keller des Motels die auf einem Stuhl platzierte mumifizierte Leiche von Bates' Mutter. Bates selber betritt mit Perücke und in den Kleidern seiner Mutter den Keller und will Lila erstechen, was Sam im letzten Moment verhindern kann.

Norman Bates wird gefasst. Auf dem Polizeirevier erklärt der Psychologe, dass Bates eine gespaltene Persönlichkeit habe, nachdem er seine Mutter aus Eifersucht getötet hat: auf der einen Seite der schüchterne junge Mann, auf der anderen Seite seine herrschsüchtige Mutter.

Warum man es kennen muss: Wenn man bedenkt, dass Anfang der 1960er Jahre Krimis und Thriller in Kinos und Fernsehprogrammen noch die Ausnahme waren, kann man sich ansatzweise vorstellen, welchen Effekt *Psycho* gemacht hat. Die legendäre Duschszene ist quasi eine Urszene des filmischen Thrills – auch durch die Verknüpfung des nur indirekt gezeigten Geschehens mit der irrwitzigen Musik. Das American Film Institute wählte *Psycho* auf Platz eins der besten amerikanischen Thriller. Und Hitchcock gilt bis heute als Meister des spannungsgeladenen Krimis. Zentrale und langfristig einflussreiche Mittel seiner Filmkunst sind *Suspense* – also die Verunsicherung des Zuschauers, indem man ihn auf ein erhofftes oder befürchtetes Ereignis warten lässt – und *MacGuffins*, womit Gegenstände und Figuren bezeichnet werden, die zwar die Handlung auslösen, aber dann selbst keinen dramaturgischen Nutzen mehr haben. Der gebürtige Brite Alfred Hitchcock revolutionierte mit seinen Filmen das Hollywood-Kino und prägte das ganze Genre des Thrillers.

 **Like a Rolling Stone**

Komponist und Texter: Bob Dylan
Datierung: 1965
Fach: Musik/Englisch
Thema: Folk-Rock

Darum geht es: Der Song wurde 1965 auf dem Album *Highway 61 Revisited* veröffentlicht. Dylan besingt mit seiner typisch näselnden, leicht gequält wirkenden Stimme eine ehemals wohlhabende Frau, die auf der Straße gelandet ist. Früher war sie hochmütig gegenüber Obdachlosen und Landstreichern und muss sich jetzt fragen lassen, wie es sich denn nun anfühlt, kein Zuhause zu haben, durch die Armut unsichtbar geworden und völlig unbekannt zu sein wie ein rollender Stein. Der Text bezieht sich auf das ambivalent interpretierbare englische Sprichwort »A rolling stone gathers no moss« (Ein rollender Stein setzt kein Moos an). Dylan zitiert hier wohl auch den Bluesmusiker Muddy Waters, der 1950 mit seinem Stück *Rollin' Stone* das Bild vom rollenden Stein in die populäre Musik übernommen hat. Letztlich stellt Bob Dylan auf der kurzen Strecke dieses Songs die existenzielle Frage, was von einem Menschen bleibt, der aus seinen gewohnten Zusammenhängen herausgerissen ist, der keine Freunde und kein Geld mehr hat.

Warum man es kennen muss: Das Lied markiert den Übergang Bob Dylans vom Folk- zum Rockstar, und zwar zu einem der einflussreichsten in der Geschichte der Popmusik. Jimi Hendrix, die Rolling Stones und Bob Marley coverten das Stück, Wolfgang Ambros und Wolfgang Niedecken (BAP) brachten Fassungen in deutschen Dialekten heraus. 2004 wurde das Lied von der amerikanischen

Musikzeitschrift Rolling Stone zum besten Song aller Zeiten gekürt. Beeindruckend sind die appellative Lyrik, die unterschiedlichen Sprachstile und -ebenen und der eindringliche Refrain, der den Spirit der Rockmusik in vier Silben »How does it feel?« kondensiert. Die lyrische Qualität dieses und anderer Lieder brachten Bob Dylan als erstem Songschreiber überhaupt im Jahr 2016 den Literaturnobelpreis ein. Mit seinen poetischen Texten hat er die Rockmusik maßgeblich inspiriert und aus der trivialen in eine künstlerisch ernst zu nehmende Richtung bewegt. Auch mit *Blowin' in the Wind* und *The Times they are a-Changin'*, die weltweit – nicht unbedingt zur Freude Dylans – zu Hymnen der Friedens- und Protestbewegung wurden, hat er Musikgeschichte geschrieben. Aber den meisten Musikkennern gilt *Like a Rolling Stone* als das Werk, in dem Dylans Genie am klarsten zum Tragen kommt.

 (I Can't Get No) Satisfaction

Komponisten und Texter: Mick Jagger / Keith Richards
Datierung: 1965
Fach: Musik
Thema: Rockmusik

Darum geht es: Ein einprägsamer Gitarren-Riff bildet das Intro, dann setzt Mick Jagger mit seinem »I can't get no satisfaction« ein. Dieses Lied der Rolling Stones ist eine Mischung aus sexuellen Anspielungen und Kritik an der zunehmenden Kommerzialisierung der Welt, was in den noch prüden und miefigen Mittsechziger-Jahren für Begeisterung bei den Jüngeren und Empörung beim Establishment sorgte. Dass er nicht zu befriedigen sei, flüstert und schreit Mick Jagger immer wieder, begleitet vom hämmernden und vorwärts treibenden Schlagzeug und von den Klängen eines Tamburins. Es ist völlig egal, was er tut, ob beim Autofahren ein Mann im Radio mit lauter überflüssigen Informationen auf ihn einredet, ob man ihm im Fernsehen erzählt, wie er seine Hemden noch weißer waschen kann, ob er ein Mädchen aufreißt oder ob es ihn wegschickt – nichts davon befriedigt ihn.

Warum man es kennen muss: Seine Ankündigung, er wolle lieber sterben, »als noch mit 45 *Satisfaction* zu singen«, hat Mick Jagger ganz offensichtlich nicht wahr gemacht. Inzwischen ist der Frontmann der Rolling Stones über siebzig Jahre alt, und die Band ist noch immer in beeindruckender Form auf Welttourneen unterwegs. Die Stones sind eine der bedeutendsten Rockbands aller Zeiten, dazu noch eine der langlebigsten. Und der Song *Satisfaction* wurde zu ihrem Markenzeichen. Er war der erste Nummer-eins-Hit der Stones in den USA und wurde von einer Jury der Zeitschrift Rolling Stone (nach Dylans *Like a Rolling Stone*) zum zweitbesten Rocksong aller Zeiten gewählt. Auch wenn die sexuellen Anspielungen, die seinerzeit eine Provokation waren, heute kaum noch Aufregung erzeugen dürften, die Hemmungslosigkeit und Wildheit, mit der Jagger seine trotzige Klage in die Welt geschrien hat, machen verständlich, dass die Rolling Stones den Soundtrack für die sexuelle und politische Rebellion der Jugend in aller Welt geliefert haben.

 **All You Need Is Love**

Komponisten und Texter: John Lennon / Paul McCartney
Datierung: 1967
Fach: Musik
Thema: Rockmusik

Darum geht es: In diesem Song der Beatles geht es um die Liebe. »Love is all you need« – Alles, was du brauchst, ist Liebe. Diese Erkenntnis und Beschwörung macht rund neunzig Prozent des Textes aus. Aber das Lied ist keineswegs langweilig – im Gegenteil. Das Hauptthema wird immer wieder durch das Einblenden anderer Lieder ergänzt. So entsteht eine interessante Collage von musikalischen Zitaten aus unterschiedlichen Ländern und Zeiten, von Bach über Glenn Miller zu einem englischen Volkslied und Selbstzitaten der Beatles aus *She Loves You, Yeah, Yeah, Yeah* und *Yesterday*. Gleich zu Anfang erklingen die ersten Takte der *Marseillaise*, der französischen Nationalhymne, die ein martialisches Kampflied ist und zugleich für die Forderung der Französischen Revolution nach Gleichheit, Freiheit und Brüderlichkeit steht. Die Beatles setzen dem ihren Refrain »love, love, love« entgegen. Das Lied ist in der buntesten Phase der Band entstanden, als sie sich auch optisch von den netten jungen Männern von nebenan mit ihren (damals allerdings noch skandalösen) »Pilzkopf«-Frisuren zu Hippies gewandelt hatten: Es war Flower-Power-Zeit, und die Menschen träumten von einem friedlicheren, liebevolleren Leben.

Warum man es kennen muss: Die Beatles sind die kommerziell erfolgreichste Band der Musikgeschichte. Sie haben zahlreiche Welthits produziert, von *Ain't She Sweet* über

I Want to Hold Your Hand und *A Hard Day's Night* bis *Here Comes the Sun* und *Let It Be*. Doch *All You Need Is Love* ist etwas Besonderes: Das Lied ist nicht nur einer der bekanntesten Songs der Beatles, der in zehn Ländern auf Platz eins der jeweiligen Hitparaden stand und dessen Titel zu einem geflügelten Wort geworden ist. Es hat auch eine sehr spezielle Entstehungsgeschichte: Das Lied ist eine Auftragskomposition für die BBC, die den kalifornischen Hippie-Sommer, den »Summer of Love«, repräsentieren sollte, der eine ganze Generation geprägt hat. Ausgestrahlt wurde es in der Fernsehsendung *Our World* im Rahmen einer internationalen Kooperation: Erstmals wurde eine Sendung live via Satellit in alle fünf Kontinente übertragen; 400 Millionen Menschen haben zugeschaut. Nicht nur ein Orchester, auch viele andere bekannte Rockmusiker unterstützten die Beatles bei der Aufnahme, etwa Mick Jagger und Keith Richards von den Rolling Stones sowie Eric Clapton und Marianne Faithfull. Es war die Antwort der Hippies auf Ideologie und Lebensgefühl des Kalten Krieges.

 **Der Pate**

Originaltitel: The Godfather
Regie: Francis Ford Coppola
Drehbuch: Mario Puzo / Francis Ford Coppola
Datierung: 1972 (Original und deutsche Fassung)
Fach: Kunst
Thema: Film

Darum geht es: Don Vito Corleone, genannt »Der Pate«, ist in den 1940er Jahren einer der mächtigsten Mafiabosse New Yorks, Oberhaupt einer der fünf Mafia-»Familien«. Wie die anderen verdient er sein Geld mit illegalem Glücksspiel und Schutzgelderpressungen. Er herrscht mit kleinen Vergünstigungen und großer Brutalität. Morde gehören zum Geschäft. Aber Don Vito verschließt sich dem Vorhaben der anderen Familien, in den lukrativen Drogenhandel einzusteigen, weil ihm das zu unmoralisch und vor allem zu riskant erscheint. Daraufhin wird ein Mordanschlag auf ihn verübt, den er schwer verletzt überlebt. Sein jüngster Sohn Michael, der sich bislang vom Mafiageschäft ferngehalten hat, rettet ihn vor einem weiteren Mordanschlag, indem er den Boss einer anderen Mafiafamilie und einen korrupten Polizisten erschießt. Daraufhin taucht Michael in Sizilien unter, kommt aber nach New York zurück und wird de facto zum Clan-Chef. Nachdem Don Vito gestorben ist, lässt Michael alle Oberhäupter der anderen Mafiafamilien und abtrünnige Mitglieder der eigenen Familie ermorden. Er ist der neue Pate.

Warum man es kennen muss: In *Der Pate* lernt man wenig über die echte Mafia. Der Film ist vielmehr, wie es der Regisseur Francis F. Coppola ausgedrückt hat, »eine Studie über die Macht«, durchgeführt auf der Folie eines Mafia-märchens. Drei Stunden lang wird der Zuschauer von der Geschichte und den überragenden Schauspielern (allen voran Marlon Brando als Don Vito und Al Pacino als Michael) gefesselt. *Der Pate* wurde ein Riesenerfolg beim Publikum und bei den Kritikern. Er gewann drei Oscars (Bester Film, Bester Hauptdarsteller, Bestes adaptiertes Drehbuch) und wurde in acht weiteren Kategorien nominiert. Der Hauptdarsteller Marlon Brando verweigerte aber die Annahme aus Protest gegen die Behandlung der Indianer in den USA. Die Fortsetzung *Der Pate II* gewann sogar sechs Oscars. Viele Zitate aus dem Film sind in unserer Alltagskultur gelandet, wie das berühmte »Ich mache dir ein Angebot, dass du nicht ablehnen kannst«.

 # Die Legende von Paul und Paula

Regie: Heiner Carow
Drehbuch: Ulrich Plenzdorf/Heiner Carow
Datierung: 1973
Fach: Kunst/Geschichte
Thema: DDR-Film/DDR

Darum geht es: *Die Legende von Paul und Paula* erzählt die zeitlose Liebesgeschichte zweier Menschen »wie du und ich«; ihre besondere Dimension verleiht ihr aber der Hintergrund des Lebens in der DDR, in den frühen Jahren der Regierungszeit von Erick Honecker.

Anfang der 1970er Jahre in Ostberlin verliebten sich

Paul – Referent eines hohen Parteifunktionärs, verheiratet, Vater eines Sohnes – und Paula – Mutter einer Tochter und eines Sohnes, Kassiererin in einer Kaufhalle – ineinander. Beide sind von ihren Partnern enttäuscht: Paul hat seine Frau beim Ehebruch ertappt, und auch Paula hat ihren Freund in den Armen eines halb nackten Mädchens erwischt und aus der Wohnung geworfen. Sie verbringen eine stürmische Liebesnacht in einer Wellblechgarage, in der Paul einen Oldtimer herrichtet, und Paula stürzt sich Hals über Kopf in die neue Liebe. Doch Paul zögert: Er will sich nicht scheiden lassen, weil er fürchtet, seinen Sohn zu verlieren und einen Skandal zu riskieren. Paula ist frustriert, und schickt ihre Kinder ins Kino. Auf dem Weg dorthin stirbt ihr Sohn bei einem Verkehrsunfall. Paul meldet sich wieder bei Paula, doch sie gibt sich die Schuld am Tod ihres Sohnes und will die Beziehung beenden. Statt die aussichtslose Liebe zu Paul weiterzuleben, will sie vernünftig werden und den Reifenhändler Saftig heiraten. Das nimmt Paul nicht hin: Mit einer Axt schlägt er Paulas Tür ein und nimmt sie unter dem Beifall der anderen Mieter in die Arme.

Paula wird wieder schwanger. Die Ärzte raten ihr zur Abtreibung, weil sie die Geburt nicht überleben werde. Sie entscheidet sich aber dafür, das Kind auszutragen, und stirbt bei der Geburt. Paul bleibt mit ihren beiden Kindern und seinem Sohn allein zurück. Die Filmsongs *Geh zu ihr* und *Wenn ein Mensch lebt* werden zu Hits der Berliner Band Puhdys.

Warum man es kennen muss: Der Film hatte in der DDR Kultstatus und gehört bis heute zur kulturellen Identität der Menschen in Ostdeutschland. Er ist eine Mischung aus tragischer Hippie-Komödie und Zitaten aus dem DDR-

Alltag. So sieht man zum Beispiel das Vordringen der Plattenbauten und vor die Tür geschüttete Kohlelieferungen.

Weil der Film auch zeigt, wie das Streben nach individuellem Glück immer wieder scheitert, wäre er fast verboten worden: Erich Honecker persönlich soll als neuer SED-Chef den Film freigegeben haben. Als die Hauptdarsteller Angelica Domröse und Winfried Glatzeder 1980 nach Westberlin ausreisten, durfte der Film nicht mehr im DDR-Fernsehen gezeigt werden.

 ## Krieg der Sterne

Originaltitel: Star Wars
Drehbuch und Regie: George Lucas
Datierung: 1977 (deutsche Fassung 1978)
Fach: Kunst
Thema: Film

Darum geht es: »Vor langer Zeit in einer weit entfernten Galaxis«, wie es die zu Beginn eingeblendete Schrift erklärt, kämpfen Rebellen und Jedi gegen das herrschende Imperium der Sith – Gut und Böse sind damit zunächst eindeutig verteilt. An der Spitze der Bösen steht Darth Sidious, der Imperator. Seine rechte Hand ist Darth Vader; niemand weiß, wie er aussieht, da er stets eine schwarze Maske und eine schwarze Rüstung trägt. Vader war früher ein Jedi, doch er ist, wie erklärt wird, »auf die dunkle Seite der Macht gewechselt«. Prinzessin Leia gehört zu den Rebellen. Es gelingt ihr, die Pläne für den als uneinnehmbar geltenden Todesstern, das mächtige Raumschiff des Imperiums, zu stehlen. Sie wird von Darth Vader gefangen genommen, kann aber vorher die Pläne einem Droiden übergeben und einen Hilferuf an den Jedi-Meister Obi-Wan Kenobi absetzen.

Der junge Luke Skywalker findet den Droiden, nimmt Kontakt zu Obi-Wan Kenobi auf, der ihm ein Lichtschwert – die Spezialwaffe der *Star Wars*-Filme – übergibt. Gemeinsam mit dem Schmuggler Han Solo und dessen Co-Pilot Chewbacca bricht Luke auf, um Leia zu befreien. Luke, Han und Obi-Wan finden Leia auf dem Todesstern: Obi-Wan stirbt im Zweikampf mit Darth Vader; die anderen entkommen. Schließlich zerstört Luke Skywalker den Todesstern; zur Seite steht ihm dabei die Stimme Obi-Wan Kenobis, der ihn ermahnt, der »Macht« zu vertrauen. Darth Vader gelingt währenddessen die Flucht.

Der Film ist nicht nur ein Weltraum-Heldenepos, er ist eine wilde Mischung aus Märchen, Science-Fiction und Rittersage, angereichert mit Slapstick-Einlagen. Nach fünf Fortsetzungsfilmen, von denen drei die Geschichte vor dem Erstlingswerk erzählen und erklären, dass Luke und Leia Geschwister und Kinder des bösen Darth Vader sind, wurde der Film umbenannt in *Star Wars: Episode IV – Eine neue Hoffnung.*

Warum man es kennen muss: *Krieg der Sterne* ist nicht einfach ein Film, sondern mit seinen Prequels und Sequels, mit seinen Auskoppelungen, seiner Flut an ergänzenden Geschichten, seiner unüberschaubaren Fülle an Merchandising-Produkten ein eigenes Universum. Es ist in Form von Spielzeug-Laserschwertern und aufwendigen Lego-Baukästen in den Kinderzimmern gelandet, und der Jedi-Wunsch »Möge die Macht mit dir sein« gehört nicht nur in den Zitatenschatz von Filmfreunden. Wohl kaum eine Geschichte hat so sehr Eingang in die weltweite Pop-kultur gefunden. Legende ist auch die Geschichte des Films. Zunächst wurde George Lucas' Konzept von mehre-ren Filmstudios abgelehnt, weil es zu schwer verständlich sei. Lucas blieb dran, wurde Milliardär und hat seinen Me-dienkonzern inzwischen an Disney verkauft. Die Macht ist offensichtlich mit ihm.

 **Kurz und schmerzlos**

Regie und Drehbuch: Fatih Akin
Datierung: 1998
Fach: Kunst
Thema: Deutscher Gegenwartsfilm

Darum geht es: Der Film erzählt mit schnellen Schnitten im Hip-Hop-Rhythmus die Geschichte der Freundschaft einer türkisch-griechisch-serbischen Gang in Hamburg-Altona. Gabriel, der Türke, Bobby, der Serbe, und Costa, der Grieche, waren früher eine unzertrennliche Gang, die schon einige brenzlige Situationen durchgestanden hat. Doch als Gabriel aus dem Gefängnis entlassen wird, hat er die Nase voll von krummen Dingern und will endlich er-wachsen werden. Aber mit seinen Freunden ist das nicht so einfach. Costa hält sich weiterhin mit kleinen Diebstählen über Wasser, und Bobby versucht, bei der albanischen Ma-fia einzusteigen. Costa ist zunächst mit Gabriels Schwester zusammen, die sich aber von ihm trennt; Gabriel wiederum bändelt mit Bobbys Freundin an. Bobby wird in einen Waffendeal verwickelt, seine Freunde wollen ihn davon abhalten und geraten in Schlägereien. Schließlich wird Bobby von den Mafiosi erschossen. Gabriel und Costa wollen sich am Mafia-Paten rächen, doch der schießt Costa an und sticht auf ihn ein. Gabriel hatte sich zuvor eine Waffe besorgt und erschießt den albanischen Paten. Er beschließt, in der Türkei unterzutauchen. Ob er je zurückkehrt, ist ungewiss.

Warum man es kennen muss: *Kurz und schmerzlos* ist das Spielfilmdebüt des erfolgreichen Regisseurs Fatih Akin, eines Deutschen mit türkischen Wurzeln. Einer breiten Öffentlichkeit wurde er mit dem 2004 erschienenen Film *Gegen die Wand* bekannt, für den er unter anderem den Goldenen Bären erhielt. Sein Film *Aus dem Nichts* (2017) über den Terror des Nationalsozialistischen Untergrunds wurde mit dem Golden Globe ausgezeichnet. Aber *Kurz und schmerzlos* bleibt in Erinnerung, weil er für viele Mitmenschen mit ausländischen Wurzeln eine Art Heimatfilm ist. Er zeigt, natürlich vollkommen überzeichnet, ihr Deutschland und feiert den Hip-Hop, also ihre Musik. Bestes Multikulti ohne platte Sozialkritik. Wer ein Beispiel dafür sucht, wie die Nachkommen der Einwanderer die deutsche Kultur bereichern, der kommt an Fatih Akin nicht vorbei.

 **Minecraft**

Entwickler: Markus »Notch« Persson
Datierung: 2009 (Ursprungsversion)
Fach: Kunst/Informatik
Thema: Computerspiele

Darum geht es: Man kann sich *Minecraft* als eine Art unendlich großen virtuellen Lego-Baukasten vorstellen. Wer genug Zeit hat, der kann sich eine quasi unendlich große dreidimensionale Welt aus zumeist würfelförmigen Blöcken zusammenbauen. Ihm stehen dabei unbegrenzte Rohstoffressourcen zur Verfügung, z. B. Holz, Edelsteine oder verschiedene Erze. Er kann aber auch die Spielwelt, die aus Bergen, Wäldern, Meeren, Ebenen und Höhlen besteht, erkunden und Monster bekämpfen, Schafe scheren oder mit Dorfbewohnern handeln. *Minecraft* ist ein sogenanntes Open-World-Spiel: Der Spieler muss hierbei kein vorgegebenes Spielziel erreichen, sondern gestaltet den Ablauf nach eigenen Vorlieben. Er muss sich allerdings an Regeln halten. So können etwa neue Gegenstände nur durch eine genau vorgeschriebene Anordnung der Rohmaterialien entstehen. Um neuen Spielern den Einstieg zu erleichtern, werden ein paar Aufgaben, sogenannte Erfolge, gestellt, etwa eine Hacke von der Werkbank aufnehmen, einen Kuchen aus Eiern, Zucker, Mehl und Milch backen, Kühe füttern und ein Kälbchen züchten. Im sogenannten Überlebensmodus muss der Spieler beispielsweise dafür sorgen, regelmäßig zu essen, nicht zu stürzen oder zu ertrinken. Wem schon Monster zu gruselig sind, der kann sie übrigens aus dem Spiel nehmen.

Warum man es kennen muss: Computerspiele sind längst ernst zu nehmende Kunstwerke, deren Produktionskosten weit über denen großer Filme liegen. Zudem gehören sie zur Alltagskultur gerade jüngerer Menschen. *Minecraft* ist zwar optisch ein eher schlichtes Spiel, abstrakt gestaltet und nicht sehr temporeich, aber es ist eines der meistverkauften Computerspiele der Welt. Vielleicht, weil es im Unterschied zu vielen anderen Spielen weitgehend gewaltfrei, also auch für sanftere Gemüter und jüngere Spielerinnen und Spieler geeignet ist. Ein Teil der Faszination beruht sicher auch darauf, dass der Spieler sich seine Welt selbst gestalten kann, sich Herausforderungen suchen, sich aber auch mit anderen Spielern verbinden kann, um gemeinsam Aufgaben zu lösen oder in Wettbewerben gegen andere Spieler anzutreten. Aus didaktischer Sicht ein besonderer Clou ist, dass man an *Minecraft* mit wirklich wenig Aufwand die Grundzüge des Programmierens lernen kann. Rund um *Minecraft* hat sich eine gewaltige Community gebildet, die sich in Beispiel- und Erklärvideos präsentiert und informiert. *Minecraft* ist nicht das avancierteste Computerspiel, aber ein gutes Beispiel für die Faszination, die diese Spiele ausüben. Bedenkt man den enormen Einfluss, den Computerspiele nicht nur auf die Spielerinnen und Spieler, sondern auch auf die Ästhetik von Filmen und Videos haben, wird es Zeit, den künstlerischen Wert vieler Spiele anzuerkennen.

Vom Menschen erzählen: Der sprachlich-kommunikative Weltzugang

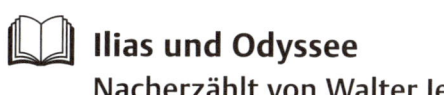

Ilias und Odyssee
Nacherzählt von Walter Jens

Autor: Homer (zugeschrieben)
Datierung: wohl 8. Jahrhundert v. Chr.
Bearbeitung: Walter Jens (1958)
Fach: Deutsch
Thema: Literatur der Antike

Darum geht es: Die *Ilias* schildert den Mythos der Belagerung der in Kleinasien gelegenen Stadt Troja durch die Griechen, erzählt von Helden und Göttern, von Zorn und Trauer. Zwischen dem überragenden griechischen Krieger Achill und seinem obersten Heerführer Agamemnon entbrennt ein heftiger Streit. Als Agamemnon Achill seine Lieblingssklavin wegnimmt, zieht der sich grollend aus dem Kampf zurück. Er nimmt ihn erst wieder auf, als sein Freund Patroklos durch das Schwert Hektors, des trojanischen Heerführers, fällt. Achill tötet Hektor, schändet seine Leiche, wütet gegen die Trojaner. Dann aber gibt er der Bitte von Hektors Vater, König Priamos, um die Leiche des Sohnes nach. Das Epos endet mit der Bestattung Hektors.

Das Ende des Trojanischen Krieges erzählt nicht die *Ilias* Homers, von ihm berichten andere antike Texte, unter anderem Vergils *Aeneis*. Denn schließlich besiegen die Griechen die Trojaner mit einer List, die der Held Odysseus ersonnen hat: Sie täuschen ihren Abzug vor und hinterlassen als Geschenk ein hölzernes Pferd. Die Trojaner ziehen das vermeintliche Geschenk in ihre Stadt, trotz der Warnrufe Kassandras. Doch nachts, nachdem die Trojaner schon gefeiert haben, entsteigen dem Bauch des Holzpferdes griechische Krieger und zerstören Troja.

Die *Odyssee* ist in gewisser Weise die Fortsetzung der *Ilias*. Sie beschreibt die abenteuerlichen Irrfahrten des Odysseus nach dem Trojanischen Krieg und dessen glückliche Heimkehr zu seiner Frau Penelope. Er begegnet einäugigen Riesen, den Zyklopen, schützt sich vor dem gefährlichen Gesang der Sirenen, entkommt den Meeresungeheuern Skylla und Charybdis und kehrt schließlich heim zu seiner Frau nach Ithaka, die sich während seiner Abwesenheit mit List ihrer Freier zu erwehren vermochte, die Odysseus dann tötet.

Warum man es kennen muss: *Ilias* und *Odyssee* gelten als älteste Dichtungen des Abendlandes, sie markieren den Beginn der europäischen Kultur. Sie wirken bis heute nach, wenn etwa lange Irrfahrten als Odyssee bezeichnet werden oder ungehörte Warnungen als Kassandrarufe. Wer sie gelesen hat, weiß auch, dass Schnüffelsoftware, die in harmloser Verkleidung auf unseren Computern landet, eigentlich nicht Trojaner, sondern Griechen genannt werden müsste, denn die hatten sich ja im hölzernen Pferd versteckt. Walter Jens' auch sprachlich brillante Nacherzählung gibt einen guten Überblick über die Geschichten und ist für Kinder und Erwachsene geeignet. Wer den Hexameter, das klassische Versmaß der epischen Dichtung, kennenlernen möchte, der sollte zumindest einen Blick in die klassische Übersetzung von Johann Heinrich Voß werfen.

Die Tragödie von Hamlet, Prinz von Dänemark

Originaltitel: The Tragicall Historie of Hamlet,
Prince of Denmarke
Autor: William Shakespeare
Datierung: entstanden und gedruckt um 1600
Fach: Deutsch/Englisch
Thema: Englische Literatur

Darum geht es: Dänemark im 10. Jahrhundert. Die Witwe des dänischen Königs heiratet dessen Bruder Claudius. Der Geist des verstorbenen Königs berichtet seinem Sohn Hamlet, dass Claudius ihn getötet habe. Er nimmt ihm das Versprechen ab, seine Ermordung zu rächen, seine Mutter aber zu verschonen. Hamlet ist an sein Wort gebunden, zugleich aber im Zweifel, was er tun soll. In einem Ausbruch von Pessimismus rät er seiner Geliebten, der jungen Ophelia, ins Kloster zu gehen. Eine Truppe Wanderschauspieler, die an den Hof kommt, bringt ihn auf die Idee, wie er Claudius überführen kann: Sie sollen vor dem Königspaar die Ermordung seines Vaters als Drama aufführen. Claudius' Betroffenheit deutet er als Schuldbekenntnis. Er gerät mit seiner Mutter in Streit und ersticht den Hofkämmerer Polonius, den Vater Ophelias, der den Streit versteckt belauscht hat, weil er ihn für Claudius hält. Claudius verbannt Hamlet und plant, ihn ermorden zu lassen; doch der Plan misslingt, und Hamlet kann nach Dänemark zurückkehren. Unterdessen hat Ophelia Selbstmord begangen. An ihrem Grab geraten Hamlet und Ophelias Bruder Laertes in Streit, sie vereinbaren ein Duell vor dem Königspaar. Laertes präpariert seinen Degen mit Gift, und Claudius bereitet ein Giftgetränk für Hamlet vor. Doch

Gertrude, Hamlets Mutter, trinkt davon und stirbt. Daraufhin zwingt Hamlet Claudius, den Becher auszutrinken. Laertes und Hamlet verwunden sich gegenseitig mit dem vergifteten Degen und sterben. Die Schlussworte bleiben Hamlets treuem Freund Horatio, während der tatkräftige und kriegslustige norwegische Prinz Fortinbras, den Hamlet noch zu seinem Nachfolger bestimmen konnte, die dänische Krone übernimmt.

Warum man es kennen muss: Liebe, Intrigen, Verrat und Action – William Shakespeare zeigt in seinen Theaterstücken das Menschliche in seiner ganzen Breite. Er ist der meistgespielte und berühmteste Theaterdichter der Welt. Auch 400 Jahre nach seinem Tod gehören seine Stücke in Deutschland und weltweit zum Standardrepertoire der Schauspielhäuser. Ihre dramatische Kraft zieht die Zuschauer bis heute in ihren Bann. »Sein oder Nichtsein, das ist hier die Frage«, »Bereit sein ist alles«, »Der Rest ist Schweigen« oder »Die Zeit ist aus den Fugen« – viele Textzeilen aus Shakespeares *Hamlet* sind (in der Übertragung von August Wilhelm Schlegel und Ludwig Tieck) bei uns zu festen Redewendungen geworden.

Shakespeare hat bedeutende deutsche Literaten wie Lessing, Herder, Wieland und Goethe nachhaltig beeinflusst. Sein *Hamlet* gilt als das meistgespielte Theaterstück der Weltliteratur. Es existiert in unzähligen Bearbeitungen, Verfilmungen, Comics und Mangas. Offenbar fasziniert der Dänenprinz in seiner Mischung aus Wut, Melancholie, verzweifeltem Humor und Wildheit die Menschen bis heute.

 # Nathan der Weise

Autor: Gotthold Ephraim Lessing
Datierung: 1783 (Uraufführung)
Fach: Deutsch
Thema: Literatur der Aufklärung

Darum geht es: Lessings letztes und wohl populärstes Drama spielt zur Zeit des Waffenstillstands während des dritten Kreuzzugs in Jerusalem, einem Zentrum des Christentums, des Judentums und des Islam. Nathan, ein reicher und weiser jüdischer Kaufmann, kehrt von einer Geschäftsreise zurück. Er erfährt, dass seine Pflegetochter Recha bei einem Brand von einem christlichen Tempelherrn gerettet wurde, der sein Leben wiederum der Gnade des Sultans verdankt. Während Nathan sich bei dem Tempelherrn bedankt, erfährt er von einer Einladung des Sultans Saladin. Der Sultan steckt in Geldverlegenheiten, doch anstatt ihn direkt um ein Darlehen anzugehen, will er Nathan und seine berühmte Großzügigkeit auf die Probe stellen: Nathan soll ihm die Frage beantworten, welche Religion die wahre sei. Nathan antwortet darauf mit der berühmten Ringparabel: Ein Ring, der seinen Träger »vor Gott und den Menschen angenehm« macht, wenn er darauf vertraut, wurde in einer Familie über Generationen an jenen Sohn weitervererbt, den der Vater am meisten liebte. Doch dann gelangt der Ring an einen Vater, der seine drei Söhne gleich liebt. Er lässt zwei exakte Kopien des Rings anfertigen, gibt sie seinen Söhnen und versichert jedem, dass er den echten Ring besitze. Nach dem Tod des Vaters soll ein Richter klären, welcher Ring der echte sei. Das kann er aber nicht und rät jedem der Söhne, sich so sanftmütig, wohltuend und gottergeben zu verhalten, als sei seiner der echte. Dann werde sich die Wirkung des echten Rings entfalten. Saladin ist beeindruckt und versteht die Botschaft von der Gleichberechtigung der drei monotheistischen Religionen. Der Sultan und Nathan schließen Freundschaft, und ungefragt gewährt Nathan ihm einen Kredit.

Der Tempelherr hat sich in Recha verliebt und will sie heiraten, doch Nathan kann die wahren Verwandtschaftsbeziehungen aufklären: Recha und der Tempelherr sind Geschwister. Ihr Vater wiederum war Saladins Bruder, was die Verwandtschaft der Religionen noch einmal verdeutlicht. Alle umarmen sich.

Warum man es kennen muss: Dass Lessing mit seinem *Nathan* für einen toleranten Umgang der Religionen untereinander warb, war ein wichtiges Zeichen im Zeitalter der Aufklärung und ist noch immer hochaktuell. Die Ringparabel ist das Kernstück des Dramas, zumindest die sollte man kennen. Bezeichnend ist, dass die Nationalsozialisten das Stück verboten haben. Im September 1945 wurde das Deutsche Theater in Berlin dann mit *Nathan der Weise* wieder eröffnet. In neueren Inszenierungen wird deutlich, dass man nach dem Holocaust das Stück nicht bruchlos als Versöhnungsschauspiel inszenieren kann. Seine Forderung aber bleibt ebenso aktuell wie dringend.

Das Lied von der Glocke

Autor: Friedrich Schiller
Datierung: 1799 (Erstveröffentlichung)
Fach: Deutsch
Thema: Lyrik / Weimarer Klassik

Darum geht es: Schillers Gedicht beschreibt ausführlich den Prozess des Glockengießens und verbindet es mit Betrachtungen über den Lauf des Menschenlebens. Vom Glockengießen erzählen die sogenannten Meister- oder Arbeitsstrophen, vom menschlichen (und das heißt hier: bürgerlichen) Leben die sogenannten Reflexions- oder Betrachtungsstrophen. So wie Schiller das Gießen der Glocke beschreibt, vom Vorbereiten der Gussform (»Fest gemauert in der Erden / Steht die Form aus Lehm gebrannt«) über das Füllen der Form (»Wohl, nun kann der Guss beginnen«) bis zum Zerschlagen der Form und dem Hochziehen der fertigen Glocke (»Ziehet, ziehet, hebt / Sie bewegt sich, schwebt«), so beschreibt und kommentiert er das Leben an seinen verschiedenen Stationen: der Arbeit (»Zum Werke, das wir ernst bereiten / Geziemt sich wohl ein ernstes Wort«), der Taufe, der Kindheit und der jungen Liebe, der Hochzeit (»Drum prüfe, wer sich ewig bindet«) und Familiengründung (der Mann müsse »hinaus ins feindliche Leben«, während im Haus »die züchtige Hausfrau« walte), den Katastrophen (wie dem Abbrennen des Hauses) und dem Tod. Auch der friedliche Feierabend wird gepriesen, so wie Umstürze beklagt werden (»Jedoch der schrecklichste der Schrecken / Das ist der Mensch in seinem Wahn«).

Warum man es kennen muss: So offensichtlich *Nathan der Weise* immer noch aktuell ist, so sehr scheint die Zeit über das *Lied von der Glocke* hinweggegangen zu sein. Längst zieht z. B. auch die Frau ins feindliche Leben. Warum soll man also die *Glocke* trotzdem noch kennen?

Schillers *Glocke* ist wohl das bekannteste und meistzitierte deutsche Gedicht. Jeder kennt es in Form von Bruchstücken und geflügelten Worten – da sollte man sich die Mühe machen, das Gedicht auch im Ganzen zu studieren. Zugleich ist es eine Momentaufnahme bürgerlicher Lebensideale am Ende des Ancien Régime – dass mit der bekannten Zeile »Da werden Weiber zu Hyänen« der Schrecken der Revolution beschworen wird, ist auch ein Reflex auf die Terrorherrschaft der Jakobiner. Das Konzept bürgerlich-familiärer Behaglichkeit und Arbeitsamkeit bei gleichzeitiger Obrigkeitstreue: »Arbeit ist des Bürgers Zierde, / Segen ist der Mühe Preis, / Ehrt den König seine Würde, / Ehret uns der Hände Fleiß« – damit konnten im aufziehenden 19. Jahrhundert Herrscher und Untertanen etwas anfangen.

Wer die *Glocke* kennt, der versteht ein ganzes Stück von dem, was man wohl den deutschen Nationalcharakter nennen konnte (und vielleicht noch kann).

Faust. Der Tragödie erster Teil

Autor: Johann Wolfgang von Goethe
Datierung: 1808 (Uraufführung)
Fach: Deutsch
Thema: Weimarer Klassik / Tragödie

Darum geht es: Gott und Mephisto, eine spöttische Verkörperung des Teufels, wetten in der Rahmenhandlung des Dramas um die Seele des gestandenen Gelehrten Heinrich Faust. Wenn es Mephisto gelingt, Faust vom rechten Weg als »Knecht« Gottes abzubringen, soll er ihm gehören. Auf diesem Hintergrund ereignet sich dann die Tragödie um Faust. Der ist mit seinem Leben unzufrieden: Trotz seines umfangreichen Wissens bleibt ihm verborgen, »was die Welt im Innersten zusammenhält«, und als Mensch schafft er es nicht, das Leben in seiner Fülle zu genießen. Auch in der Magie findet er keine Antwort. Auf einem Osterspaziergang mit seinem Schüler begegnet er einem Pudel: Es ist Mephisto, der sich an die Einlösung seiner Wette macht. Faust und Mephisto schließen einen Pakt, der mit Blut besiegelt wird: »Werd ich zum Augenblicke sagen: / Verweile doch! du bist so schön! / Dann magst du mich in Fesseln schlagen, / Dann will ich gern zugrunde gehen!« Mephisto verspricht dem alten Faust dafür neue Jugend und nimmt ihn mit auf eine Reise durch die Welt. Von einer studentischen Kneipenrunde geht es in eine Hexenküche, wo Faust einen Zaubertrank erhält. Mit dessen Hilfe lernt er, nun verjüngt, Margarete (Gretchen), eine naive junge Frau, kennen und lieben. Auch Gretchen hat ihr Herz an Faust verloren, »Meine Ruh ist hin«, seufzt sie. Faust verführt sie – doch um mit ihr ungestört sein können, lässt er ihrer Mutter einen Schlaftrunk verabreichen, an dem sie stirbt.

Gretchen wird schwanger. Ihr Bruder erfährt von ihrer Entehrung: Mit Mephistos Hilfe ersticht Faust den jungen Mann in einem Duell. Gretchen ertränkt ihr uneheliches Kind. Dem Wahnsinn verfallen, erwartet sie im Kerker ihre Hinrichtung. Faust versucht vergeblich, sie zur Flucht zu bewegen. Doch sie will sich dem »Gericht Gottes« übergeben. Als der Morgen graut, flieht Faust und überlässt sie ihrem Schicksal und der Gnade Gottes.

Warum man es kennen muss: Wer Abitur macht und Goethes *Faust* nicht kennt, der muss sich wirklich schämen. *Faust* ist das Hauptwerk des berühmtesten deutschen Dichters, ohne Zweifel bedeutend, viel zitiert, kein Theater kommt ohne eine *Faust*-Inszenierung aus. »Ihr wisst auf unsern deutschen Bühnen probiert ein jeder, was er mag«, heißt es schon im Vorspiel. Es ist bis heute aktuell, zeigt es doch den modernen Menschen auf der Jagd nach Wissen, Liebe und Geld. *Faust* ist so vielschichtig, dass es zu mannigfachen Interpretationen einlädt und zahllose Komponisten, Schriftsteller und bildende Künstler inspiriert hat. Dieses Werk ist wirklich ein ganzer Kosmos. Wobei Goethe selber sich über die Neigung der Deutschen amüsiert hat, immer nach abstrakten Gedanken und Ideen zu suchen, statt den Mut aufzubringen, sich den Eindrücken hinzugeben, sich ergötzen, rühren und erheben zu lassen. Insofern: Das Stück liefert auch einfach eine starke Geschichte. Und wer die ganz kennen will, der muss auch noch *Faust, Der Tragödie zweiter Teil* lesen oder anschauen.

 **Der zerbrochene Krug**

Autor: Heinrich von Kleist
Datierung: 1808
Fach: Deutsch
Thema: Deutsche Literatur des 19. Jahrhunderts/
Komödie

Darum geht es: Dem Dorfrichter Adam geht es beim Aufstehen schlecht. Er hat sich an Gesicht und Bein verletzt, zudem vermisst er seine Perücke, die er für die Gerichtsverhandlung braucht. Und ausgerechnet heute erscheint der Gerichtsrat Walter bei der Verhandlung zu einer Revisionsvisite. Marthe Rull beschuldigt den Verlobten ihrer Tochter Eve, letzte Nacht in deren Kammer einen kostbaren Krug zerschlagen zu haben. Der Verlobte hingegen behauptet, einen anderen Mann im Zimmer der Tochter überrascht zu haben, der auf der Flucht durchs Fenster den Krug von der Fensterbank gestoßen habe, und er beschimpft Eve als Dirne. Adam wird klar, dass er über sich selber zu Gericht sitzen muss. Mit Drohungen und Schmeicheleien versucht er, die Schuld auf andere zu schieben. Doch dann erscheint eine Zeugin, die seine Perücke vor dem Fenster der Tochter gefunden und entdeckt hat, dass die Spur des Flüchtenden direkt zum Hause Adams führt. Gegen alle Beweise spricht Adam den Verlobten schuldig. Daraufhin bricht Eve ihr Schweigen und sagt aus, dass Adam bei ihr gewesen sei und versucht habe, sie zu erpressen. Sie sollte dem Dorfrichter zu Willen sein, damit ihr Verlobter nicht zum Militärdienst geschickt werde. Der Gerichtsrat suspendiert Adam, der daraufhin flüchtet. Der Hochzeit der Tochter mit ihrem Verlobten steht nichts mehr im Wege. Nur der Krug, er bleibt zerbrochen.

Warum man es kennen muss: Mit dem *Zerbrochenen Krug* hat Kleist bewiesen, dass auch hierzulande Dichtung mit Witz und Tiefgang gedeihen kann. Mit hoher Sprachkunst beschreibt er die Abgründe der menschlichen Seele und findet einen eigenen, erstaunlich modernen Stil jenseits von Klassik und Romantik. 1808 wird das Stück von keinem Geringeren als Goethe in Weimar zur Aufführung gebracht, fällt aber beim Publikum durch, weil es unnötig in die Länge gezogen wird. Später erobert es dann doch die Bühnen und gehört noch heute zum Standardrepertoire der deutschsprachigen Theater. Kleist war eine wichtige Quelle der Inspiration für Schriftsteller des frühen 20. Jahrhunderts, wie Gerhard Hauptmann und Frank Wedekind.

Hänsel und Gretel

Autoren: Brüder Grimm
Datierung: 1812 (Erstfassung)
Fach: Deutsch
Thema: Deutsche Märchen

Darum geht es: Hänsel und Gretel sind die Kinder eines armen Holzfällers. In der Not überredet seine Frau ihn, die Kinder im Wald auszusetzen. Der erste Versuch misslingt jedoch, denn die Kinder haben den Plan belauscht, und Hänsel legt eine Spur aus Steinen, anhand derer die Kinder nach Hause zurückfinden. Beim zweiten Versuch haben die Kinder nur ein wenig Brot dabei; die Spur, die sie damit legen, wird von Vögeln aufgepickt, und die Kinder verirren sich im Wald. Dabei stoßen sie auf ein Haus aus Brot, Kuchen und Zucker. Um ihren Hunger zu stillen, essen sie davon. Die menschenfressende Hexe, die in dem Haus wohnt, lauert ihnen auf, fängt die beiden, macht Gretel zur Dienstmagd und mästet Hänsel in einem Hühnerstall, um ihn später aufzuessen. Um zu prüfen, ob der Junge schon dick genug ist, befühlt die halb blinde Hexe täglich seinen Finger. Hänsel täuscht sie aber, indem er ihr statt des Fingers immer einen kleinen Knochen entgegenhält. Weil der Junge anscheinend nicht fett wird, will die Hexe ihn schnell kochen. Gretel soll in den Ofen sehen, um festzustellen, ob der schon heiß genug ist, um Brot dazu zu backen. Gretel aber behauptet, nicht zu wissen, wie sie das machen soll. Als die Hexe selber nachsehen will und dafür den Ofen öffnet, schiebt Gretel die Hexe mit dem Brotschieber hinein. Die Kinder nehmen Perlen und Edelsteine aus dem Hexenhaus mit, finden den Weg zurück zum Vater (die Mutter ist inzwischen gestorben), leben glücklich mit ihm und leiden keinen Hunger mehr.

Warum man es kennen muss: *Hänsel und Gretel* ist eines der bekanntesten Märchen aus der berühmten Sammlung *Kinder- und Hausmärchen* der Brüder Jacob und Wilhelm Grimm, die sie von 1812 bis 1858 herausgaben (»Grimms Märchen«). Im engeren Sinne sind die Grimms nicht die Schöpfer dieser Geschichten, sondern haben sie, wie sie angeben, »nach verschiedenen Erzählungen aus Hessen« neu aufgeschrieben. Dabei schaffen sie einen ganz eigenen Stil, der prägend für das Bild vom deutschen Märchen ist. Deshalb sollte man mindestens eins von Grimms Märchen in der Fassung des 19. Jahrhunderts gelesen (noch besser: vorgelesen) haben.

Anders als manche anderen der Grimm'schen Märchen eignet sich *Hänsel und Gretel* auch kaum zur Verkitschung, wie etwa *Schneewittchen* oder *Aschenputtel*, die nicht weniger bekannt sind: weit und breit kein Prinz, kein Schloss und keine große Liebe. Nur – und auch darum eignet sich *Hänsel und Gretel* besonders für einen Kanon – ein Einblick in die raue Lebenswirklichkeit armer Leute im vorletzten Jahrhundert. Und es ist auch eine Geschichte über das Verhältnis der Deutschen zum Wald, hier als Sinnbild des Düsteren, Ungezähmten, Bedrohlichen. »Märchenhaft«, das ist eben nicht nur schön und lieblich.

Die Erzählung um die beiden armen Kinder lebt auch weiter in dem Kinderlied *Hänsel und Gretel verliefen sich im Wald* und in der spätromantischen Oper von Engelbert Humperdinck.

 Buddenbrooks. Verfall einer Familie

Autor: Thomas Mann
Datierung: 1901 (Erstveröffentlichung)
Fach: Deutsch
Thema: Deutsche Literatur des 20. Jahrhunderts

Darum geht es: Thomas Mann schildert in seinem Roman den Niedergang einer Lübecker Patrizierfamilie über vier Generationen, inspiriert auch von der Geschichte seiner eigenen Familie. Der Patriarch Jean steht noch mit einem Bein im 18. Jahrhundert, er verkörpert eine hanseatisch seriöse, zugleich aber lebensfrohe Art, Geschäfte zu machen.

1835, mit Einsetzen der Handlung, ist die Familie gerade in ein prachtvolles neues Haus gezogen. Der Getreidehandel der Buddenbrooks floriert. Jean hat ihn schon weitgehend an seinen Sohn Johann übergeben. Als Konsul der Hansestadt ist der fromme, grüblerische Mann bestrebt, die Position der Familie weiter auszubauen: indem er seinen soliden Sohn Thomas als Nachfolger heranzieht, dessen leichtlebigen Bruder Christian mit unwichtigen Posten im Ausland beschäftigt und seine Tochter Tony reich verheiratet. Aber der Plan geht nicht auf: Tonys erster Ehemann ist ein Bankrotteur, auch die zweite Ehe scheitert. Christian fasst nie im bürgerlichen Leben Fuß und endet in der Psychiatrie. Und Thomas, die Zentralfigur des Romans, kann die Geschäfte nur unter äußerster seelischer und körperlicher Anstrengung weiterführen: Er vermag den Erfolg noch zu zwingen, aber das Glück seiner Vorfahren hat ihn verlassen. Als Senator bekleidet er ein höheres Amt als sein Vater, allein, das Vermögen nimmt ab. Auch seine Ehe mit der schönen, exotischen und musikalischen Gerda bleibt kühl. Der gemeinsame Sohn Hanno – eigentlich der Firmenerbe – ist kränklich und weit mehr an der Musik als an den Geschäften interessiert. Nach dem frühen Tod des Senators wird die Firma abgewickelt: Das repräsentative Haus wird verkauft, ausgerechnet an die neureiche Familie Hagenström, deren Aufstieg parallel zum Niedergang der Buddenbrooks verläuft: Sie repräsentieren eine neue Zeit, einen von keinem Zweifel angekränkelten Kapitalismus. Der Roman endet mit Hannos Tod: Voller Furcht vor dem Leben, hat er einer Typhuserkrankung nichts entgegenzusetzen.

Warum man es kennen muss: *Buddenbrooks* gilt als erster deutscher Gesellschaftsroman von Weltgeltung. Er markiert, nach einigen Erzählungen, den Beginn einer deutschen Schriftstellerkarriere, die gut ein halbes Jahrhundert umspannt. 1929 wurde Mann, der bei Erscheinen des Buchs erst 26 Jahre alt war, vor allem für diesen Roman mit dem Literaturnobelpreis ausgezeichnet. *Buddenbrooks* ist auch ein Abgesang auf das 19. Jahrhundert und das Bild deutscher Bürgerlichkeit, das dieses Land lange geprägt hat. Thomas Mann selbst wollte in dem Deutschland, das die Nazis errichteten, nicht leben: 1933 emigrierte er, genau wie sein Bruder Heinrich und seine Kinder Erika und Klaus – allesamt erfolgreiche Schriftsteller. Aus dem amerikanischen Exil nahm er unter anderem in 55 Radioansprachen im deutschen Programm des britischen Senders BBC deutlich Stellung gegen die nationalsozialistischen Machthaber.

Die Verwirrungen des Zöglings Törleß

Autor: Robert Musil
Datierung: 1906
Fach: Deutsch
Thema: Deutschsprachige Literatur des 20. Jahrhunderts

Darum geht es: Der junge Törleß, Sohn eines Hofrats, besucht zu Zeiten der österreich-ungarischen k.u.k.-Monarchie ein Internat für Sprösslinge der oberen Familien des Landes. Pubertäre Nöte prägen den Alltag. Er sehnt sich nach einem anderen Dasein, hat aber keine Vorstellung, wie das wirklich aussehen könnte. Die Begegnung mit einer Prostituierten wühlt ihn auf, bringt ihm aber keine Erfüllung. Eines Tages erwischen er und seine Mitschüler Beineberg und Reiting den jüngeren Mitschüler Basini beim Stehlen. Sie melden die Tat aber nicht bei der Internatsleitung. Beineberg und Reiting beschließen, den weichen, noch kindlichen Jungen selber zu bestrafen und zu quälen. Sie misshandeln ihn körperlich und sexuell. Der feinfühlige Törleß fühlt sich von dem Geschehen angezogen und abgestoßen zugleich. Zunächst ist er ein neugieriger Zuschauer, den das Zusammenspiel aus Macht und Unterwerfung reizt, doch eine Zeit lang beteiligt er sich dann an den Peinigungen und Demütigungen des Schülers Basini. Der wird geprügelt, erniedrigt und zu homosexuellen Diensten missbraucht. Erst als sich die Quälereien so weit steigern, dass der Mitschüler von der ganzen Klasse verprügelt wird und man plant, ihn mit Floretten zu peitschen, wendet Törleß sich ab. Basini stellt sich, von Törleß gewarnt, der Internatsleitung, um nicht noch schlimmeren Quälereien ausgesetzt zu werden. Törleß erreicht die Entlassung aus dem Internat und die Rückkehr in seine Familie.

Warum man es kennen muss: Musils *Törleß* ist ein kurzer und konzentrierter Bildungs- oder Entwicklungsroman. Er fokussiert aber – anders als die beiden umfangreichen *Wilhelm Meister*-Bände Goethes – nur einen kurzen Moment der Entwicklung des Menschen. Neben der inneren Reise steht hier auch ein Schulsystem auf dem Prüfstand, das ein Spiegelbild der österreichischen Gesellschaft des späten Kaiserreichs ist. Anders als etwa Hermann Hesses *Unterm Rad* ist er aber konsequent aus der Täterperspektive geschrieben. Psychologisch aufschlussreich werden die Faszination der Macht und die seelischen Untiefen des eigenen Seins ausgelotet. Diese indirekte Gesellschaftskritik liefert auch einen Mosaikstein zur Erklärung der Gräuel des 20. Jahrhunderts. Und sie zwingt einen auch heute noch zur Auseinandersetzung mit eigenen dunklen Gedanken. Robert Musil ist einer der frühen Vertreter der literarischen Moderne, einer Zeit, in der auch Psychologie und Psychoanalyse entwickelt wurden: Sechs Jahre vor dem *Törleß* war Sigmund Freuds *Die Traumdeutung* erschienen – was der junge Zögling noch als dunklen Trieb fühlt, bekommt nun wissenschaftliche Namen.

 ## Ulysses

Originaltitel: Ulysses
Autor: James Joyce
Datierung: ab 1918 in Teilauszügen, erster Komplettdruck 1922 (deutsche Erstausgabe 1927)
Fach: Deutsch / Englisch
Thema: Englischsprachige Literatur des 20. Jahrhunderts

Darum geht es: Der Roman begleitet den Dubliner Juden Leopold Bloom durch den 16. Juni 1904 von acht Uhr morgens bis weit nach Mitternacht. In Anlehnung an Homers Odysseus lässt Joyce Bloom durch die irische Stadt irren. Er liest Zeitung auf der Toilette, bringt seiner Frau Tee ans Bett, geht seiner Arbeit als Anzeigenverkäufer nach. Eine Geburt wird geschildert und eine Beerdigung. Es gibt Alkohol und Flüche, maßloses Essen und Sex. Zum Schluss führt seine Frau über sechzig Seiten lang ohne Punkt und Komma einen inneren Monolog, fügt 40 000 Wörter zu einem Satz zusammen. Den 18 Stunden der Handlung entsprechend ist der Roman in 18 Kapitel gegliedert. Jedes dieser 18 Kapitel ist in einer anderen literarischen Form geschrieben. Neben dem Essay findet sich die Reportage, neben der Farce die Gerichtsrede. Das Buch ist dazu voller Assoziationen, Anspielungen und intertextueller Bezüge. Kein allwissender Erzähler hilft dem Leser bei der Einordnung, man muss sich vielmehr aus vielen Puzzleteilen sein eigenes Bild der Geschichte zusammensetzen.

Warum man es kennen muss: Der *Ulysses* ist ein Ungetüm von einem Roman, eine formale und erzählerische Zumutung und zugleich einer der einflussreichsten und bedeutendsten Romane des 20. Jahrhunderts. Ganz neu war das radikale Zusammenfügen so unterschiedlicher Sprachstile und Erzähltechniken, der weitgehende Verzicht auf eine äußere Handlung. Besonderes Aufsehen erregte der innere Monolog von Blooms Frau Molly, ein langer, wilder Sprachfluss, der unbewusste Empfindungen und Gefühle in Worte fasst. Joyce hat sich zahlloser Anregungen und Zitate aus der Geistesgeschichte bedient, und gleichzeitig hat seine revolutionär neue Art des Erzählens wiederum viele Schriftsteller beeinflusst. Nach 1922 ist die westliche Literatur nicht mehr das, was sie vorher war. Wegen unzüchtiger Textstellen blieb der Roman in den USA und England jahrelang verboten, in Irland sogar bis in die 1960er Jahre. Die Erstveröffentlichung erfolgte in Paris. Und die Wirkung des Buchs blieb und bleibt international, die erste deutsche Übersetzung erschien schon fünf Jahre nach der Originalausgabe. *Ulysses* wurde in die »ZEIT-Bibliothek der 100 Bücher« aufgenommen und sowohl vom britischen

Radiosender BBC als auch von der französischen Zeitung Le Monde zu den hundert wichtigsten Werken der Weltliteratur gezählt. Von Buchliebhabern und der Stadt Dublin wird der 16. Juni Jahr für Jahr als »Bloomsday« gefeiert.

Der Prozess

Autor: Franz Kafka
Datierung: Beginn der Arbeit 1914,
    Veröffentlichung 1925 (postum)
Fach: Deutsch
Thema: Deutschsprachige Literatur des 20. Jahrhunderts

Darum geht es: Der alleinstehende Bankprokurist Josef K. wird am Morgen seines dreißigsten Geburtstags von ominösen »Wächtern« ohne erkennbaren Anlass verhaftet. Ein anonymes Gericht hält ihn aufgrund eines unbekannten Gesetzes für zweifellos schuldig, obwohl kein Verbrechen vorliegt. K., der sich noch frei bewegen darf, versucht herauszubekommen, weshalb er angeklagt wurde und wie er sich rechtfertigen kann. Doch das Gericht ist für ihn nicht greifbar. Auf seiner Suche gerät K. in die Fänge des albtraumhaften Labyrinths einer surrealen Bürokratie. Alle Versuche K.s, wirksamen Einfluss auf das Verfahren zu gewinnen, scheitern auf mysteriöse und groteske Weise. Es ist nicht einmal klar, ob tatsächlich ein Prozess stattfindet. Ein Geistlicher erklärt ihm, dass seine Bemühungen, sich zu entlasten, aussichtslos seien: So wie der Sinn des Lebens nicht entschlüsselt werden könne, so wenig sei der

Sinn des Gesetzes zu definieren. Mehr und mehr wird K. bewusst, dass sein Versuch, in das Verfahren einzugreifen, sinnlos ist. Letztlich fügt sich K. einem nicht greifbaren Urteilsspruch, ohne zu wissen, ob und weshalb wirklich ein Urteil gesprochen wurde. Ein Jahr nach seiner Verhaftung wird Josef K. von zwei Männern abgeholt und in einem Steinbruch hingerichtet.

Warum man es kennen muss: Franz Kafka gehört zu den wenigen Autoren der Weltliteratur, aus deren Namen ein eigenes Adjektiv abgeleitet wurde: Als »kafkaesk« werden Situationen bezeichnet, in denen Menschen anonymen und undurchschaubaren bürokratischen Mächten ausgeliefert sind, sodass die Bedrohung diffus bleibt und den Betroffenen keine Erfolg versprechende Handlungsoption eröffnet. Vor allem in den totalitären Diktaturen des 20. Jahrhunderts mussten das viele Menschen erleben. Das Wort wird mittlerweile losgelöst vom literarischen Kontext aber auch in harmloseren Zusammenhängen gebraucht, im Hinblick auf absurde und unerklärliche Situationen. In der eigentümlichen Schilderung einer Welt, in die sich der Mensch hilf-, wenn auch nicht unbedingt schuldlos geworfen sieht, entfalten Kafkas Texte einen ganz speziellen Sog, der bis heute wirkt.

 **Pu der Bär**

Originaltitel: Winnie-the-Pooh
Autor: Alan Alexander Milne
Datierung: 1926, erste deutsche Übersetzung 1928
Fach: Deutsch / Englisch
Thema: Englische Literatur des 20. Jahrhunderts

Darum geht es: Die Hauptfigur Pu der Bär lebt mit seinen Freunden im Hundertsechzig-Morgen-Wald. Pu ist ein gutmütiger, etwas langsamer und vergesslicher Geselle. Er summt und brummt, singt lustige kleine Lieder, dichtet und nascht gern Honig. Pus bester Freund ist Ferkel, ein ängstliches Schweinchen, das gern tapfer wäre. Außerdem leben im und um den Wald eine altkluge Eule; der Esel I-Ah, der immer schlecht gelaunt ist, sich aber eigentlich nicht beklagen will; Kaninchen, das für alles einen schlauen Plan austüfteln kann; sowie der kleine Junge Christopher Robin, das literarische Alter Ego von Milnes Sohn, der der ursprüngliche Adressat der Geschichten war. Pu und seine Freunde – in den Fortsetzungen gesellen sich noch weitere hinzu – erleben viele Abenteuer. So versucht Pu, als Wolke getarnt an einem Ballon hängend, an seinen heiß geliebten Honig zu kommen, I-Ah verliert seinen Schwanz und feiert betrübt seinen Geburtstag, weil wieder niemand an ihn gedacht hat, und Pu gelingt es, Ferkel durch Honigtopfpaddeln und Regenschirmsegeln aus einer Notlage zu befreien.

Warum man es kennen muss: Milne schuf mit *Winnie-the-Pooh* eines der bekanntesten Kinderbücher der Welt; allein in den ersten zehn Jahren nach seinem Erscheinen wurde es in vierzig Sprachen übersetzt. Das Buch ist kindgerecht schlicht, aber gleichzeitig so humorvoll, spannend und tiefgründig, dass es auch für Erwachsene eine bereichernde Lektüre ist. Die deutschen Leser profitieren von der kongenialen Übersetzung (und Hörbuchfassung) Harry Rowohlts. 1961 wurden die Markenrechte an die Walt Disney Company verkauft, die seitdem mit Filmen, Serien und Franchise-Artikeln alles aus Pu dem Bären rauspresst, was möglich ist. Dadurch droht die Disney-Version das Original zu überlagern. Grund genug, das Echte zu pflegen und sich auch an den Originalillustrationen von Ernest H. Shepard zu erfreuen, der ansonsten für die Satirezeitschrift Punch arbeitete.

Emil und die Detektive

Autor: Erich Kästner
Datierung: 1929
Fach: Deutsch
Thema: Deutsche Literatur des 20. Jahrhunderts

Darum geht es: Der zwölfjährige Emil Tischbein ist ein fleißiger Schüler. Im Alter von fünf Jahren hat er seinen Vater verloren, deshalb lebt er allein mit seiner Mutter, die als Friseurin ihr Geld verdient, in Neustadt. In den Ferien fährt er allein mit dem Zug nach Berlin, um seine Großmutter zu besuchen. 140 Mark hat Emils Mutter ihm als finanzielle Unterstützung für die Großmutter mitgegeben. Als er während der Fahrt einschläft, stiehlt ihm ein Mitreisender, der sich ihm mit dem Namen Grundeis vorgestellt hat, das

Geld. In Berlin angekommen, verfolgt Emil ihn quer durch die Stadt. Er will sich nicht an die Polizei wenden, weil er zu Hause in Neustadt etwas ausgefressen hat: Dem Denkmal des Großherzogs Karl hat er einen Schnurrbart und eine rote Nase gemalt. Zum Glück lernt Emil den Berliner Jungen Gustav (»mit der Hupe«) kennen. Der trommelt seine vielen Freunde zusammen, und gemeinsam jagen sie als Detektivbande den Dieb. Nachts halten sie Wache vor dem Hotel, in dem Grundeis wohnt. Am nächsten Morgen will der Dieb die gestohlenen Geldscheine in einer Bankfiliale umtauschen. Die Kinder verfolgen und stellen ihn und übergeben ihn der Polizei. Es stellt sich heraus, dass Grundeis ein falscher Name, der Taschendieb aber zugleich ein gesuchter Bankräuber ist. Emil erhält tausend Mark Belohnung und beschließt, davon seiner Mutter einen warmen Mantel und einen Föhn zu kaufen.

Warum man es kennen muss: Mit *Emil und die Detektive* hat Kästner einen neuen Typ von Kinderbuch geschaffen. Seine Geschichten sind nicht märchen- oder sagenhaft, sie spielen in der realen Welt. Die Kinder übernehmen selber die Hauptrolle, belehren sogar noch die Erwachsenen und geben vor allem Beispiele für die Macht von Freundschaft und Solidarität. Durch den größeren Realismus öffnen sie zugleich dem heutigen Leser auch den Blick für das Leben von Kindern in den 1920er Jahren.

Erich Kästner zählt zu den erfolgreichsten deutschen Kinderbuchautoren; seine Bücher für Erwachsene wie *Fabian* oder *Drei Männer im Schnee* sind heute nicht mehr so populär – aber immer noch sehr lesenswert. Dabei verstand er sich durchaus als Moralist, der mit seinen Büchern pädagogisch auf die Leser einwirkt und sie dazu anhält, eine bessere Welt zu schaffen. *Emil und die Detektive* wurde in 59 Sprachen übersetzt und mehrfach verfilmt, zuerst 1931 nach einem Drehbuch von Billy Wilder, der 1933 in die USA emigrieren musste. Kästner selbst, obwohl erklärter Antifaschist, blieb nach der Machtergreifung der Nazis in Deutschland und sah die Verbrennung seiner Bücher im Mai 1933 aus nächster Nähe mit an. Nach dem Krieg arbeitete er für Zeitungen und den Hörfunk, engagierte sich gegen die Remilitarisierung und für die Pressefreiheit. – Ein Leben, das viel darüber erzählt, ob und wie man so aufrecht durch dieses 20. Jahrhundert gehen konnte, wie er es seinen Kinderfiguren zugeschrieben hat.

 Leben des Galilei

Autor: Bertolt Brecht
Datierung: entstanden 1938/39, Uraufführung 1943
Fach: Deutsch
Thema: Episches Theater

Darum geht es: Das Stück spielt im Italien des 17. Jahrhunderts. Galileo Galilei, der geniale Physiker, erklärt seinem Schüler Andrea Sarti voller Begeisterung, dass eine neue Zeit angebrochen sei. Bald werde die Menschheit über den Himmelskörper, auf dem sie hause, Bescheid wissen: »Was in den alten Büchern steht, genügt ihr nicht mehr.« Wegen seines chronischen Geldmangels gibt er die holländische Erfindung eines Fernrohrs, von dem man ihm berichtet, als eigene Konstruktion aus. Mithilfe des Fernrohrs entdeckt er die Jupitermonde, so gelingt ihm ein entscheidender Beweis für das von Kopernikus theoretisch entwickelte heliozentrische Weltbild. Doch seine Entdeckung, dass die Erde sich also um die Sonne bewegt, bringt ihn in Konflikt mit der katholischen Kirche: Für die bleibt die Erde der Mittelpunkt, um den sich die Gestirne drehen. Die mächtigen Politiker, Kirchenfürsten und Inquisitoren befürchten, dass ein Umsturz des alten Weltbilds auch einen gesellschaftlichen Umsturz nach sich ziehen könnte. Galilei wird von der Inquisition nach Rom zitiert. Die Kirche verlangt, dass er seine neue Lehre widerruft. Beim Anblick der Folterwerkzeuge entscheidet Galilei sich zur Enttäuschung seiner Freunde und Schüler zum Widerruf. Er verbringt seine letzten Lebensjahre als Gefangener der Kirche in seinem Haus. Als ihn sein Schüler Andrea Sarti, der nach Holland emigrieren will, aufsucht, bezichtigt er sich wegen seines Widerrufs des Verrats an der Wissenschaft. Galilei vertraut Sarti an, dass er heimlich Arbeiten über Mechanik und Fallgesetze verfasst habe, die *Discorsi*. Er will sie außer Landes geschmuggelt sehen, aber keine Verantwortung dafür übernehmen. Das Stück endet damit, dass Sarti die Schriften über die Grenze bringt.

Warum man es kennen muss: *Leben des Galilei* ist ein typisches Beispiel für Brechts episches Theater, einer Verbindung aus Drama und Erzählung, mit dem er die großen gesellschaftlichen Konflikte in seiner Interpretation sichtbar machen wollte. Den Anstoß für das Stück gab die Spaltung von Uranatomkernen durch Otto Hahn im Jahr 1938. Brecht erkannte darin hellsichtig den Beginn eines neuen wissenschaftlichen Zeitalters, ähnlich bedeutend wie die im Theaterstück thematisierte kopernikanische Wende. Das Stück stellt die Frage nach der Verantwortung der Wissenschaftler gegenüber Wahrheit und Macht.

Unabhängig von diesem speziellen Thema etablierte Brecht auch eine Form des kritischen, nicht zur Identifikation, sondern zur Reflexion auffordernden Theaters. Die Inszenierungen, die heute auf deutschsprachigen Bühnen zu sehen sind, wären ohne Bertolt Brecht so nicht denkbar. Marcel Reich-Ranicki nannte Brecht den »größten Dramatiker des 20. Jahrhunderts«; seine Bücher werden noch immer in hoher Auflage verkauft, seine Stücke gehören zum Standardrepertoire der Theater.

Die Pest

Originaltitel: La Peste
Autor: Albert Camus
Datierung: 1947 (deutsche Erstausgabe 1949)
Fach: Deutsch / Französisch
Thema: Französische Literatur des 20. Jahrhunderts

Darum geht es: Der als Chronik des Arztes Bernard Rieux angelegte Roman spielt in den 1940er Jahren in der französischen Präfektur Oran in Algerien. Eine Pestepidemie sucht den Ort heim und bringt den Tod über ihn. Und während die Pest viele Opfer fordert, ziehen manche einen Nutzen aus dem Verlust der Ordnung. Rieux organisiert den Widerstand gegen die grausame Seuche, gemeinsam mit dem Pariser Journalisten Rambert, dem Angestellten Grand und dem ernüchterten Ex-Revolutionär Tarrou. Mit freiwilligen Hilfstrupps setzen sie sich unermüdlich für die Rettung von Menschenleben ein. Nutznießer der Tragödie sind der Kriminelle Cottard, weil die Polizei anderes zu tun hat, als Verbrecher zu jagen, und der Jesuit Paneloux, der in der Pest ein Gericht Gottes über die Menschen sieht und sie propagandistisch ausnutzt. Als er aber ein unschuldiges Kind sterben sieht, schließt er sich den Sanitätstrupps an und stirbt ebenfalls.

Täglich steigt die Zahl der Toten. An den Stadttoren gibt es Kämpfe, weil die Bürger Oran nicht mehr verlassen dürfen. Kurz bevor die Tore wieder geöffnet werden, weil die Krankheit zurückgeht, stirbt Tarrou. Als sich die Tore öffnen, scheinen die Toten schon vergessen, die Stadt taumelt vor Freude. Cottard findet den Tod bei einem Schusswechsel mit der Polizei, Rieux' Frau in einem Sanatorium außerhalb der Stadt. Wer überlebt, wer stirbt – dafür gibt es im Text keine Begründung, es ist Teil der Absurdität des Daseins und des Todes. Am Ende ist die Pest besiegt, aber es ist klar, dass der Triumph nicht endgültig ist.

Warum man es kennen muss: Bei unseren französischen Nachbarn ist Camus' Roman Pflichtlektüre an den Schulen – bei uns ist es ein wenig in Vergessenheit geraten. Zu Unrecht, denn Camus hat hier nicht nur eine Parabel auf den Krieg, die Besetzung durch die Deutschen und die Leistungen der Résistance geschrieben, er thematisiert eine überzeitliche und internationale Erfahrung: die Konfrontation mit der Absurdität des Daseins, gegen die sich nur die individuelle Verantwortung für das eigene, auch politische, Handeln setzen lässt. Camus, der selbst aus Algerien stammte, ließ sich zeit seines Lebens von keiner politischen Partei vereinnahmen, seine Seite war die eines konsequenten Humanismus. Für sein essayistisches Werk wurde ihm 1957 der Nobelpreis verliehen – nur drei Jahre später starb er bei einem Autounfall. Die Frankfurter

Rundschau schrieb zu seinem hundertsten Geburtstag, sein Werk erzähle »von der Kunst, in schrecklichen Zeiten mit Anstand zu überleben«.

 # 1984

Originaltitel: Nineteen Eighty-Four
Autor: George Orwell
Datierung: entstanden 1946–1948, erschienen 1949
    (deutsche Erstausgabe 1950)
Fach: Deutsch / Englisch
Thema: Englische Literatur des 20. Jahrhunderts

Darum geht es: Der Roman spielt in einem fiktiven totalitären Überwachungsstaat, an dessen Spitze der »Große Bruder« steht, der wie ein Gott verehrt wird. Die Gesellschaft besteht aus drei Schichten: der Inneren Partei (die Parteielite), der Äußeren Partei und der Masse der sogenannten Proles. Mithilfe von »Teleschirmen«, Fernsehern mit eingebauter Kamera, die nicht abgeschaltet werden können, wird das Volk annähernd lückenlos überwacht und jeder Haushalt von der Parteipropaganda erreicht. Es wird Englisch gesprochen, aber die Partei will es zunehmend durch »Neusprech« ersetzen, um das Volk besser manipulieren zu können und am freien Denken zu hindern. Zwangsarbeitslager werden zu »Lustlagern«, das Kriegsministerium zum Friedensministerium »Minipax«. Winston Smith, der Protagonist, arbeitet im »Ministerium für Wahrheit« und fälscht dort Zeitungsberichte im Sinne der Partei. Er rebelliert zunächst innerlich gegen die offiziellen Lügen, sucht dann aber Anschluss an eine geheime Widerstandsorganisation. Und er verliebt sich in eine Parteigenossin, was verboten ist, weil Sexualität nur zur Fortpflanzung erlaubt ist. Ein vermeintlicher Vertrauter verrät Winston und seine Geliebte. Im »Ministerium für Liebe« wird Smith mit grausamen Methoden einer »Umerziehung« unterzogen. Durch viele Folterungen hindurch ist es ihm gelungen, einen Teil seines Selbst zu bewahren, doch schließlich wird er gebrochen: Er denunziert seine Geliebte und liebt fortan den Großen Bruder – die Gehirnwäsche war erfolgreich.

Warum man es kennen muss: Mit seiner Kritik am Überwachungsstaat hat Orwell weltweit Furore gemacht. Technisch wären Orwells Ideen heute leicht zu realisieren, und wo immer auf die Gefahren staatlicher Überwachung hingewiesen wird, wird *1984* zitiert, wird ein »Orwell'scher« Staat an die Wand gemalt, wird auf »Big Brother is watching you« angespielt, eine Wendung, mit der in dem Buch die Bürger an ihre ständige Überwachung erinnert werden. Der russische Oppositionelle Garri Kasparow empfiehlt das Buch, um die Lage in Russland besser zu verstehen. Nachdem die groß angelegte Überwachung des weltweiten E-Mail-Verkehrs durch den amerikanischen Geheimdienst NSA bekannt wurde, stieg die Auflage ebenso wie nach dem Umetikettieren von Lügen zu »alternativen Fakten« durch eine Sprecherin des US-Präsidenten Donald Trump. Eine Methode, die an das »Doppeldenk« im Roman *1984* erinnert, mit der die Partei erreichen will, dass der Unterschied zwischen Lüge und Wahrheit nicht mehr erkennbar ist. Und so bleibt Orwells Roman eine stets aktuelle Warnung vor Totalitarismus und eine Erinnerung an uns, Demokratie und Vielfalt zu verteidigen.

Der alte Mann und das Meer

Originaltitel: The Old Man and the Sea
Autor: Ernest Hemingway
Datierung: 1952 (auch deutsche Erstveröffentlichung)
Fach: Deutsch/Englisch
Thema: Nordamerikanische Literatur

Darum geht es: 84 Tage lang hat der greise Fischer Santiago keinen Fisch mehr gefangen. Dann beißt, weit draußen im Golfstrom, ein gewaltiger Speerfisch (Marlin) an, der länger ist als sein Boot. Zwei Tage und zwei Nächte lang kämpft der alte Mann mit dem Raubfisch, hält die schneidende Leine mit schmerzenden Händen umklammert. Im Laufe des Kampfes entwickelt er eine eigenwillige Verbundenheit mit dem Tier, das er Bruder nennt. Mit letzter Kraft tötet er am dritten Tag den erschöpften Fisch mit der Harpune und schleppt ihn hinter seinem Boot her in Richtung Küste. Doch mehr und mehr Haie werden vom Blut des Marlins angezogen. Einen kann er mit der Harpune töten, die er dabei verliert, drei weitere mit einem Messer, das schließlich zerbricht. Doch letztlich fressen Haie und andere Raubfische das Fleisch des Marlins auf, Santiago bleibt nur das Skelett. An Land fällt er in tiefen Schlaf.

Die Novelle ist eine Parabel über die menschliche Existenz, den ewigen Kampf mit den rohen Kräften der Natur, in dem sich der Mensch beweisen kann. Getreu Santiagos Credo: »Man kann vernichtet werden, aber man darf nicht aufgeben.«

Warum man es kennen muss: Der US-Amerikaner Ernest Hemingway, der die Novelle auf Kuba schrieb, wurde dafür 1953 mit dem Pulitzerpreis und 1954 unter anderem für diese Novelle mit dem Literaturnobelpreis ausgezeichnet. Und eine Novelle ist Hemingways Geschichte auch in einem erzähltheoretischen Sinn, mit ihrer Konzentration auf ein Hauptereignis und auf ein Dingsymbol (hier also den Marlin). In der Kürze und durchdringenden Klarheit der Beobachtung lag sicher eine besondere Begabung Hemingways, und sein lakonischer Stil, die präzise Wortwahl und seine knappen Sätze beeinflussen die Literatur und den Journalismus bis heute. Seine Kunst des Weglassens illustriert er mit dem Eisbergmodell: »Ein Eisberg bewegt sich so anmutig, da sich nur ein Achtel von ihm über Wasser befindet.« Schriftsteller wie Heinrich Böll und Siegfried Lenz ließen sich von ihm inspirieren. Aber auch jüngere Schriftsteller wie beispielsweise Clemens Meyer, die am Deutschen Literaturinstitut Leipzig ausgebildet wurden, berufen sich explizit auf den Stil Hemingways.

Die Blechtrommel

Autor: Günter Grass
Datierung: 1959 (Erstveröffentlichung)
Fach: Deutsch
Thema: Deutsche Literatur des 20. Jahrhunderts

Darum geht es: Oskar Matzerath erzählt als Insasse einer Heil- und Pflegeanstalt Anfang der 1950er Jahre seine Lebensgeschichte. Schon bei seiner Geburt 1924, in Danzig, ist Oskar geistig voll entwickelt. Zu seinem dritten Geburtstag bekommt er eine Blechtrommel geschenkt und beschließt gleichzeitig, nun nicht mehr zu wachsen und sich auch der Erwachsenenwelt zu verweigern. Statt zu reden, trommelt er, statt zu protestieren, bringt er mit seiner Stimme Gläser zum Zerspringen.

Als Außenseiter beobachtet er hellsichtig die aufkommende Herrschaft der Nationalsozialisten, die Verfolgung und Ermordung jüdischer Mitbürger, während seine Familie mit dem Strom schwimmt. Ein Schlüsselerlebnis wird die Begegnung mit dem ebenfalls kleinwüchsigen Zirkusartisten Bebra, der Oskars Potenzial erkennt. Im Zweiten Weltkrieg verteidigt er die Polnische Post in Danzig gegen SS-Leute, macht erste sexuelle Erfahrungen und tritt im Fronttheater auf. Er wird Teil einer Diebesbande und sieht sich als Nachfolger Jesu. Mit Sohn und Geliebter, die gleichzeitig Stiefbruder und -mutter sind, zieht er nach Düsseldorf. Dort beginnt er nach dem Krieg eine Lehre als Steinmetz, bricht sie ab, wird Modell an einer Kunstakademie und als Musiker reich. Als vermeintlicher Mörder flieht er nach Paris, wird verhaftet und in eine Anstalt eingeliefert. Er vermutet, dass er gegen seinen Willen an seinem dreißigsten Geburtstag entlassen werden wird.

Etliche Hundert Seiten umfasst diese wilde Geschichte, hier sei sie nur angerissen. Fabulierlustig, personenreich, drastisch und grotesk liefert sie ein Panorama – oder wohl eher ein Panoptikum – der deutschen (und auch polnischen) Geschichte von der Vorkriegszeit bis hinein in das Wirtschaftswunder.

Warum man es kennen muss: Lange musste Günter Grass warten, bis ihm die Schwedische Akademie den Nobelpreis zuerkannte, und obwohl er seit der *Blechtrommel* rund zehn Romane verfasst hatte, war es doch vor allem der wüste Schelmen- und Bildungsroman, der ihm 1999 die begehrte Auszeichnung einbrachte. Nicht nur für die deutsche Nachkriegsliteratur war dieser Roman ein Fanal: Mit seiner barocken Sprachgewalt, seiner überschäumenden Fantasie und gleichzeitig seiner genauen Beobachtung der politischen und sozialen Verhältnisse findet er bis heute kaum seinesgleichen. Grass zeigte, wie der Nationalsozialismus im kleinbürgerlichen Milieu gedeihen konnte – Ende der 1950er Jahre, als von einer Aufarbeitung der Verbrechen in der Zeit des Nationalsozialismus noch kaum gesprochen werden konnte, stellte er damit die verdrängte Frage nach Schuld und Verantwortung. Die lebensnahe, auch drastische Sprache wurde nach dem Erscheinen des Romans vielfach gelobt, andere kritisierten Grass als Pornografen und Gotteslästerer. Der Bremer Senat verweigerte ihm den Literaturpreis der Stadt, den ihm eine unabhängige Jury zugesprochen hatte. *Die Blechtrommel* wurde in 24 Sprachen übersetzt, seine weltweite Auflage wird auf drei Millionen geschätzt. 1979 verarbeitete Volker Schlöndorff das Buch zu einem Oscar-prämierten Film – die Geschichte des kleinwüchsigen Trommlers wird ein Welterfolg. Wer vor Grass' ausladenden Romanen zurückschreckt, dem sei seine kurze und konzise Novelle *Katz und Maus* ans Herz gelegt.

Hundert Jahre Einsamkeit

Originaltitel: Cien años de soledad
Autor: Gabriel García Márquez
Datierung: 1967 (deutsche Erstausgabe 1970)
Fach: Deutsch
Thema: Lateinamerikanische Literatur

Darum geht es: Der Roman erzählt von Aufstieg und Niedergang der Familie Buendía und des von ihr gegründeten Dorfes Macondo im 19. und 20. Jahrhundert über einen Zeitraum von sechs Generationen oder eben einhundert Jahren. Gleichzeitig zeichnet der Autor ein Bild seiner kolumbianischen Heimat und des lateinamerikanischen Kontinents.

Das einst ruhige und abgeschiedene Urwalddorf Macondo – nur Zigeuner suchen es in jedem Frühjahr auf – erlebt und durchlebt große Erfindungen, lange und blutige Bürgerkriege, einen Wirtschaftsaufschwung durch ausländische Unternehmen, die Ausbeutung der Einheimischen sowie zerstörerische Naturkatastrophen. José Arcadio Buendía ist der Begründer der Dynastie und des Dorfes. Er und seine reiche Nachkommenschaft erleben unruhige Zeiten. Das Familienepos erzählt von Eifersucht und Inszest, unerfüllter Sinnlichkeit, gescheiterten Plänen, vitalen Männern und klugen Frauen, aber auch von der allgegenwärtigen Gewalt und der Einsamkeit, die alle Familienmitglieder auf die eine oder andere Weise prägt. Am Ende erlöschen die Dynastie wie das Dorf, das von einem verheerenden Sturm heimgesucht wird – so wie es einst der Zigeuner und Alchimist Melchíades prophezeit hatte.

García Márquez erzählt die Geschichte in einer bildhaften Sprache, vermischt Reales mit Legendärem und Fantastisch-Magischem, springt durch die Zeitebenen. Bezüge zur Bibel, zur lateinamerikanischen Geschichte und zum kolumbianischen Volksglauben sind in die komplexe Familien- und Landesgeschichte eingeflossen.

Warum man es kennen muss: Die Literatur Lateinamerikas wurde in Europa lange wenig beachtet. Mit den Büchern García Márquez' änderte sich das: Er »überwand die Grenzen, die literarische Kontinente trennen«, kommentierte der Tagesspiegel. Der 2014 verstorbene García Márquez ist der berühmteste Autor des Subkontinents und wurde 1982 – als zweiter lateinamerikanischer Autor überhaupt – mit dem Nobelpreis für Literatur ausgezeichnet. Sein Weltbestseller mit vielen autobiografischen Bezügen ist eines der bedeutendsten Werke des sogenannten magischen Realismus, einer literarischen Form, bei der die Grenzen zwischen Realität und Fantasie verwischen und Magie, Mythen und Legenden Bestandteil der Welt und des Lebens sind. *Hundert Jahre Einsamkeit* gilt als kolumbianisches Nationalepos und löste einen weltweiten Boom lateinamerikanischer Literatur aus.

Die neuen Leiden des jungen W.

Autor: Ulrich Plenzdorf
Datierung: 1973 (DDR und BRD; seit 1968 als Bühnen-
  stück und Filmexposé konzipiert)
Fach: Deutsch
Thema: Deutsche Literatur des 20. Jahrhunderts

Darum geht es: Nach einem Streit mit seinem Meister
bricht der 17-jährige Edgar Wibeau seine Lehre in einem
Metallbetrieb ab und zieht aus einer ostdeutschen Klein-
stadt nach Berlin. Dort findet er eine Bleibe in einer Gar-
tenlaube und verliebt sich in die Kindergärtnerin Charlie.
Zufällig findet er eine kleine Ausgabe von Goethes Sturm-
und-Drang-Roman *Die Leiden des jungen Werthers*, dessen
Lektüre ihn beeindruckt. Seinem Freund Willi schickt er
regelmäßig Tonbänder mit *Werther*-Zitaten, die seine Lage
beschreiben. Seine Liebe zu Charlie scheitert, sie heiratet
den linientreuen Dieter. Metallarbeiter will Edgar nicht
mehr sein, doch an der Kunsthochschule, an der er sich be-
wirbt, wird er nicht angenommen. Seinen Lebensunterhalt
verdient er sich bei einer Malerkolonne. Um seine Kollegen
zu beeindrucken, entwickelt er in seiner Laube ein Farb-
spritzgerät, an dem sie gescheitert sind. Als er es in Betrieb
nehmen will, trifft ihn ein Stromschlag, an dem er stirbt.
  Erzählt wird die Geschichte aus der Perspektive seines
Vaters, der seine Mutter und ihn verlassen hat, als er fünf
Jahre alt war. Er will mehr über das Leben und die Umstände des Todes seines Sohnes herausfinden und spricht
dazu mit dessen Freunden und Kollegen. Der Tote ergänzt
und kommentiert die Gespräche kritisch und ironisch aus
dem Jenseits.

Warum man es kennen muss: Das Buch war in beiden deutschen Staaten ein großer Erfolg und wurde in mehr als
zwanzig Sprachen übersetzt. In der Spielzeit 1974/1975
war das gleichnamige Drama in beiden deutschen Staaten
das meistgespielte Stück. 1975 erschien es noch dazu in
einer Filmfassung – Plenzdorf hatte den Text ursprünglich
dramatisch konzipiert und schrieb erst später eine Prosa-
fassung.

Die Geschichte eines Jugendlichen, dem die Verhältnisse zu eng sind, der aufbegehrt, weil er sich nicht frei
entfalten kann, und die besondere Mischung aus sehr di-
rekter Jugendsprache und Klassikerzitaten bewegten die
Leser und Zuschauer in ganz Deutschland. Für die DDR,
in der jegliche Kritik schnell der Zensur zum Opfer fallen
konnte, hatten *Die neuen Leiden* eine besondere Bedeutung:
Viele Unzufriedene identifizierten sich mit der Hauptfigur und mit seinem eher persönlich als direkt politisch
motivierten Ungenügen am System. Ob Wibeau an der
DDR-Realität oder an seiner eigenen Großspurigkeit zugrunde geht, lässt Raum für Interpretation (im Zuge der
Textüberarbeitungen wandelte Plenzdorf den ursprünglichen Suizid Edgars in einen Unfalltod um). Der Roman
konnte nur erscheinen, weil die DDR-Kulturpolitik in der
Zeit eine kurze Periode des Tauwetters durchmachte. »Ulrich Plenzdorf war ein genauer Beobachter der sozialen
Wirklichkeit und sensibel für die Lebensgefühle vor allem
junger Menschen«, fasste die Akademie der Künste nach
dessen Tod 2007 zusammen. Als *Coming of Age*-Geschichte,
authentisches Porträt der DDR in den 1970er Jahren und
intertextuelles Spiel nimmt der schmale Roman einen besonderen Platz in der deutsch-deutschen Literatur ein.

Der Name der Rose

Originaltitel: Il nome della rosa
Autor: Umberto Eco
Datierung: 1980 (deutsche Erstausgabe 1982)
Fach: Deutsch
Thema: Italienische Literatur der Gegenwart

Darum geht es: Hochbetagt schaut der Mönch Adson von Melk auf sein Leben zurück, vor allem aber auf eine Woche, die er 1327 mit seinem Lehrer, dem Franziskanermönch William von Baskerville, in einem abgeschiedenen Benediktinerkloster in Norditalien verbracht hat.

Bruder William von Baskerville war mit seinem jungen Schüler angereist, um als Sonderbotschafter des Kaisers ein Treffen zwischen den der Ketzerei verdächtigen Minoriten (also einem Bettelorden) und den Abgesandten des Papstes vorzubereiten. Doch der gewaltsame Tod eines Bruders hat den Abt in Unruhe versetzt. Er bittet den scharfsinnigen William darum, den Todesfall aufzuklären. Innerhalb weniger Tage kommen weitere vier Mönche auf gewaltsame Weise zu Tode – und alle Umstände scheinen darauf zu verweisen, dass das Jüngste Gericht nahe ist. William dagegen rechnet nicht mit überirdischen Mächten, sondern mit den menschlichen Leidenschaften. Die lernt auch Adson kennen: Der junge Mönch verliebt sich in ein armes Bauernmädchen und verbringt in einer Mischung aus sexueller Erregung und Marienekstase eine Nacht mit ihr: Sie, seine Rose, wird auf dem Scheiterhaufen enden – eines der Opfer der Inquisitoren, die von päpstlicher Seite für den anstehenden Disput eintreffen.

Mit der Inquisition im Nacken, klärt William die Morde auf: Seine Detektivarbeit führt ihn in die labyrinthische

Bibliothek der Abtei. Er kommt dem blinden Bibliothekar Jorge von Burgos auf die Schliche. Der hütet als besonderen Schatz die einzige Abschrift des zweiten Buchs der *Poetik* des Aristoteles, in dem die literarische Gattung der Komödie und damit das subversive Lachen gerechtfertigt wird. Jorge hält die Freude und das Lachen für Teufelswerk, das die Menschen vom rechten Gottesglauben ablenkt. Deshalb hat er das Buch mit einem Kontaktgift präpariert: Wer das Buch liest und die Seiten berührt, vergiftet sich selbst. Sein Versuch, auch William zu töten, scheitert. In einem veritablen Showdown setzt der flüchtende Jorge die Bibliothek in Brand und wirft sich in die Flammen. William und Adson können entkommen, aber das Feuer zerstört die gesamte Abtei.

Warum man es kennen muss: In seinem literaturtheoretischen Werk *Lector in Fabula* hat der Semiotik-Professor und Mittelalter-Experte Eco über die Rolle des Lesers in erzählenden Texten nachgedacht. In seinem Weltbestseller spielt der ohne Zweifel eine große Rolle, denn er kann (und muss) selbst entscheiden, welcher Spur er folgt: der detektivischen Leistung Williams, eines mittelalterlichen Sherlock Holmes? Den gelehrten Diskursen um die Armut Christi und also der Kirche? Den philosophischen Überlegungen um die Zeichenhaftigkeit der Welt? Der detailverliebten Schilderung mittelalterlichen Lebens? Umberto Eco hat mit seinem ersten Roman *Der Name der Rose* ein postmodernes Kunststück vollbracht: eine subtile Montage aus unterschiedlichen Quellen und Texten, ein Netzwerk von Anspielungen und Querverweisen – und zugleich ein spannender, ausgezeichnet recherchierter historischer Kriminalroman.

Maus. Die Geschichte eines Überlebenden

Originaltitel: Maus. A Survivor's Tale
Autor und Zeichner: Art Spiegelman
Datierung: 1986 (deutsche Ausgabe 1989)
Fach: Deutsch/Englisch/Geschichte
Thema: Comic/Graphic Novel/Holocaust

Darum geht es: Der amerikanische Cartoonist Art Spiegelman erzählt in einem Schwarz-Weiß-Comic die Geschichte seiner Eltern, polnischer Juden, die das Vernichtungslager Auschwitz überlebt haben, während ihr ältester Sohn und die meisten ihrer Angehörigen und Freunde ermordet wurden. Und er beschreibt die traumatischen Folgen, die der Holocaust für die Überlebenden und ihre Nachkommen hat. Spiegelman wählt dazu die Form der Fabel, den unterschiedlichen Menschengruppen und Nationen werden Tierarten zugeordnet. Die Nazis bezeichneten die Juden als Ungeziefer, also stellt er sie als Mäuse dar. Entsprechend zeichnet er die Deutschen als Katzen, die Polen als Schweine (was in Polen zu erbitterter Gegenwehr geführt hat), Franzosen als Frösche …

Grundlage des Comicromans sind die Erzählungen seines verbitterten Vaters. Über Jahre hinweg versucht er, ihm den Horror der Verfolgung zu entlocken, und nimmt diese Gespräche auf Tonband auf. Dabei wird die Gegenwart des zeichnenden Sohnes mit der Vergangenheit der Familie während des Holocausts enggeführt.

Maus schildert den Leidensweg des Vaters Wladek. Nach dem Überfall Hitlerdeutschlands auf Polen kommt er als polnischer Soldat in Kriegsgefangenschaft, kann aber fliehen. Es folgt die Zwangsumsiedlung ins Ghetto, er erlebt die Gräueltaten der Nazis, aber auch immer wieder Phasen der Hoffnung. Schließlich werden Spiegelmans Eltern nach Auschwitz deportiert. Als die Rote Armee 1945 naht, wird das Lager aufgelöst, Spiegelmans Vater wird nach Westen deportiert, wo er mit Glück in die Freiheit gelangt. Zurück in Polen, findet er seine Frau wieder, die das KZ ebenfalls überlebt hat. Die beiden emigrieren zunächst nach Schweden, wo Art Spiegelman zur Welt kommt, und schließlich in die USA.

Warum man es kennen muss: *Maus* ist gleichzeitig ein großartig gezeichneter Comic, der die ganze Kraft dieser Literaturgattung zeigt, und eine am Beispiel einer Familie eindrucksvoll erzählte Geschichte der Schoah. Spiegelman ist mit dieser Konstruktion ein großes Wagnis eingegangen und hat ein Meisterwerk geschaffen.

Und gleichzeitig ist *Maus* ein didaktisch gelungenes Werk, das jungen Menschen etwas über den Holocaust vermittelt, indem er ihn einerseits künstlerisch gestaltet und so eine ästhetische Distanz herstellt, zugleich aber die abstrakten sechs Millionen Ermordeten durch die Geschichte einer Familie greifbar macht. 1992 erhielt Spiegelman dafür den Pulitzer-Preis, ein Novum für einen Comic.

Mutterzunge. Erzählungen

Autorin: Emine Sevgi Özdamar
Datierung: 1990
Fach: Deutsch
Thema: Migrantenliteratur / Deutsche
   Gegenwartsliteratur

Darum geht es: Die deutsch-türkische Erzählerin berichtet von der Suche nach ihren Wurzeln und von ihrem Zerrissensein zwischen ihrem Herkunftsland Türkei und Deutschland. In Berlin lebend, möchte sie ihre Muttersprache (wörtlich übersetzt »Mutterzunge«) wiederfinden. Dazu will sie die arabische Sprache und Schrift lernen, die ihr Großvater noch schrieb; erst 1928 wurde unter Präsident Atatürk die arabische Schrift von der lateinischen abgelöst. Weil viele türkische Worte aus dem Arabischen stammen, hofft sie, so ihren Wurzeln näher zu kommen. Sie wendet sich an einen arabischen Schriftgelehrten, der sie in einer kleinen Moschee unterrichtet. Dort lernt sie, »sammelt Wörter«, wie es heißt, und wohnt eine Weile bei ihm: Der kluge und warmherzige Lehrmeister und die Erzählerin verlieben sich ineinander.

Die folgende Erzählung ist die fantastische Geschichte eines Bauern, der nach Deutschland auswandert und dort Straßenkehrer wird (»In Deutschland regnet es Perlen«). Er hat einen Esel, auf dem er reitet, den er aber auch mal trägt und der sprechen kann. Die beiden philosophieren miteinander. Bei der Kontrolle durch deutsche Ärzte in Istanbul treffen sie auf einen Mann, der Urin verkauft, um damit die Gesundheitskontrollen bei der Einreise zu überlisten. Als der Bauer mit dem Esel nach Jahren in sein Dorf zurückkehrt, ist er ein Häufchen Elend, der Esel tröstet sich mit Zitaten von Karl Marx. Schließlich ist er traurig, weil er von einem Opel Rekord abgelöst wird. Die letzte Erzählung schildert die Karriere einer Schauspielerin, die in der Türkei die Ophelia gegeben hat und in Deutschland zur Putzfrau wird.

Warum man es kennen muss: *Mutterzunge* ist eines der Schlüsselwerke, das den »Gastarbeitern« und ihren Nachkommen eine Stimme gegeben hat. Und was für eine! Özdamar schafft einen ganz eigenen deutsch-türkischen Sprachmix. Die Sprache ist derb und direkt, aber gleichzeitig poetisch und sinnlich. Und die Fragen, um die sich ihre Geschichten drehen, beschäftigen Migranten bis heute und sollten daher auch für die Mehrheitsgesellschaft ein Thema sein: Identität und Sprache, enttäuschte Hoffnungen, beruflicher Abstieg durch die Migration, Fremdheitserfahrungen und Heimweh.

Harry Potter und der Stein der Weisen

Originaltitel: Harry Potter and the Philosopher's Stone
Autor: Joanne K. Rowling
Datierung: 1997 (deutsche Erstausgabe 1998)
Fach: Deutsch/Englisch
Thema: Englische Literatur des 20./21. Jahrhunderts

Darum geht es: Muss man das eigentlich noch erzählen? – Die Harry-Potter-Romane haben einen weltweiten Siegeszug angetreten, der seinesgleichen sucht. Eltern und Kinder sind sich hier ausnahmsweise einmal ziemlich einig: Wer mitreden will, muss das gelesen haben.

Harry Potter, der Held des Romans und seiner sechs Nachfolgebände, lebt als Mündel bei den schrecklich spießigen Dursleys – seinem Onkel, seiner Tante und seinem gleichaltrigen Cousin –, die ihn maßlos schikanieren. Seine Eltern sind angeblich bei einem Autounfall ums Leben gekommen. Doch mit elf Jahren erfährt er, dass er ein Zauberer ist und einer Parallelwelt angehört, die neben der Welt der normalen Menschen (»Muggel« genannt) existiert. Seine Eltern sind in Wirklichkeit im Kampf gegen den ebenso mächtigen wie niederträchtigen Zauberer Voldemort gestorben.

Doch an dem erst einjährigen Harry scheiterte seine Macht: Er vermochte ihn nicht zu töten, zeichnete ihn aber mit einer gezackten Narbe auf der Stirn. Mit Unterstützung des Halbriesen Hagrid gelangt Harry nach Hogwarts, ein Zaubererinternat, das in einem tausend Jahre alten Schloss untergebracht ist und von dem alten, weisen Zauberer Dumbledore geleitet wird. Er wird wie seine Mitschüler in die Welt der Zauberei eingeführt, findet in

Hermine und Ron zwei treue Freunde und in Draco Malfoy einen leidenschaftlichen Feind.

So weit könnte es eine ganz normale Schulgeschichte sein. Doch wieder droht Gefahr von Voldemort. Er will an den Stein der Weisen gelangen, der seinem Besitzer ewiges Leben und unermessliche Kraft verspricht. Harry und seine Freunde versuchen, ihn daran zu hindern. Abermals kommt es zur Konfrontation zwischen Harry und Voldemort, der seit seiner Niederlage gegen Harry körperlos ist und daher Besitz von einem der Lehrer ergriffen hat. Harry gelingt es erneut, den bösen Magier niederzuringen – vorübergehend …

Warum man es kennen muss: Mit ihren *Harry Potter*-Romanen ist Joanne K. Rowling ein sensationeller Welterfolg geglückt. Insgesamt sind sieben Bände und drei Spin-offs erschienen. Die Romane wurden in 80 Sprachen übersetzt und in mehr als 200 Ländern verkauft. Die Weltauflage beträgt über 450 Millionen Exemplare. Auch die auf den Büchern basierenden Filme erwiesen sich als Kassenschlager.

Die Potter-Bücher haben die Welt bewegt: Eine ganze Generation von Kindern war und ist begeistert und kennt die Geschichten des jungen Zauberers nahezu auswendig. Digitale und analoge Fanclubs wurden gegründet und Potter-Partys gefeiert. Das Erscheinen neuer Bände entwickelte sich zu weltweiten Großereignissen, bei denen die Fans vor Buchhandlungen kampierten. Zum Teil erklärt sich der große Erfolg wohl daraus, dass die *Harry Potter*-Bände magische Elemente und Erzählstränge mit Mustern aus Entwicklungs- und Internatsromanen verbinden. Mit ihrer Buchreihe ist der zuvor völlig unbekannten Joanne K. Rowling etwas Einzigartiges gelungen.

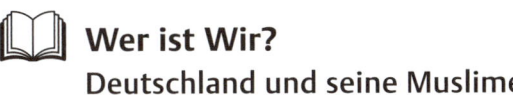 **Wer ist Wir?**
Deutschland und seine Muslime

Autor: Navid Kermani
Datierung: 2009
Fach: Deutsch/Sozialkunde
Thema: Gegenwartsessay/Einwanderungsland

Darum geht es: Der deutsch-iranische Schriftsteller und Orientalist Navid Kermani erzählt in diesem Buch sehr persönlich von seinem Leben als Kind iranischer Eltern in Deutschland und berichtet von seinen Erfahrungen als Mitglied der Deutschen Islam Konferenz. Am eigenen Leib, argumentiert er, hat er erfahren, dass Menschen »gleichzeitig mit und in verschiedenen Kulturen, Loyalitäten, Identitäten und Sprachen leben können«, was in Deutschland noch immer Staunen hervorruft. Auf Persisch etwa siezt er seine Eltern, weil das auf Deutsch aber seltsam klingt, vermied er es als Kind, sie vor Freunden direkt anzusprechen. Wenn er mit seinen Eltern die Familie im iranischen Isfahan besuchte, fühlte er sich in der Familie zu Hause, nicht aber in der Stadt, die nach anderen Regeln funktionierte, als er sie aus Deutschland kannte.

Identität sieht Kermani als ein vereinfachendes und einschränkendes Konstrukt und plädiert für mehr Offenheit und Gelassenheit. Und für mehr Differenzierung, denn, so macht er klar, es gibt weder »den« Islam noch »die« Moderne. Kermani befasst sich in seinem Buch auch mit Fundamentalismen, mit religiös begründeten Attentaten, mit multireligiösen Gesellschaften wie etwa Indien. Und zeigt, wie gleichzeitig anstrengend und befreiend ein Leben jenseits der Schubladen ist.

Warum man es kennen muss: Mit muslimischem Migrationshintergrund und abendländischer Prägung ist Navid Kermani einer der kenntnisreichsten und anregendsten Stimmen in der deutschen Integrationsdebatte, aber auch in der öffentlichen Auseinandersetzung weit darüber hinaus. Er ist einer der wenige öffentlichen Intellektuellen Deutschlands, umfassend gebildet, ein Sprachkünstler von hohen Graden, engagiert und zugleich voller menschlicher Wärme – ein Denker, der dem Leser denken hilft, und ein Schriftsteller, der uns einen neuen Blick auf unsere Sprache schenkt. Dass er in der Debatte keine Seite schont, sondern alle zum Nachdenken bringt, illustriert der Titel eines Vortrags, der im Anhang des Buches abgedruckt ist: *Warum der Westen seine Leitkultur missionarisch ausbreiten sollte, und warum Deutschland seinen Lehrerinnen erlauben sollte, das Kopftuch zu tragen.* 2014 hielt Kermani die Festrede im Deutschen Bundestag zum 65. Jahrestag des Grundgesetzes. 2015 wurde er mit dem Friedenspreis des Deutschen Buchhandels ausgezeichnet. In seiner tief bewegenden Dankesrede erzählte er die Geschichte eines vom Islamischen Staat entführten christlichen Priesters und seiner Gemeinde – mit Mut zum Pathos und zur großen Geste: Eine Mahnung daran, dass Literatur auch ein Beitrag zum Humanismus sein kann.

Auf der Suche
nach den Wurzeln:
Der historisch-philosophische
Weltzugang

Die Apologie des Sokrates

Originaltitel: Apología Sōkrátous
Autor: Platon
Datierung: 399 v. Chr. oder später
Fach: Philosophie
Thema: Antike Philosophie

Darum geht es: Der Philosoph Sokrates verteidigt sich im Jahr 399 v. Chr. vor dem mit ausgelosten Bürgern besetzten Gericht Athens gegen den Vorwurf der Gottlosigkeit und der Verführung der Jugend. Die Ankläger fordern Sokrates' Tod. Aufgeschrieben wurde seine Verteidigungsrede, eben die *Apologie*, von seinem Schüler Platon. Wann genau, ist umstritten; ebenso, ob der Text, der offensichtlich literarischen Charakter hat und als gestaltetes Werk, nicht als Prozessmitschrift, verstanden werden muss, den Kern von Sokrates' Rede richtig wiedergibt. Als philosophisches Werk ist ihr Rang jedoch unstrittig.

In seiner Verteidigungsrede, eigentlich sind es drei aufeinanderfolgende Reden, weist Sokrates Gerüchte und Vorurteile zurück, er erforsche »Unterirdisches und Himmlisches«, manipuliere Meinungen, mache Unrecht zu Recht und lasse sich sogar dafür bezahlen, andere in dieser Täuschungskunst zu unterrichten. Richtig sei, hält er dagegen, dass er weiser als andere sei, denn ihm ist klar, dass, »was ich nicht weiß, (ich) auch nicht zu wissen glaube«. Dadurch habe er sich den Zorn der Unwissenden, die sich für kompetent halten, zugezogen. Den Vorwurf, den Glauben an die athenische Religion (also im Wesentlichen die olympischen Götter) durch einen dämonischen Kult ersetzen zu wollen, weist er zurück. Den Tod fürchtet er nicht, erklärt er, es komme nur darauf an, ob man recht oder unrecht handle. Wenn er sich verteidigt, dann deshalb, um die Richter zu schützen, die unrecht handeln, wenn sie ihn schuldlos verurteilen. Nach dem Schuldspruch plädiert Sokrates für eine Geldbuße, die er für keine wirkliche Strafe hält. Nachdem die Todesstrafe gegen ihn verhängt wird, betont er, dass er zwar nun vom Tod eingeholt werde, die Ankläger aber von ihrer Schlechtigkeit, was das schlimmere Urteil sei.

Nach dem Urteilsspruch, so ist überliefert, versuchten seine Freunde und Schüler, ihm zur Flucht zu verhelfen, doch aus Respekt vor dem Gesetz schlägt Sokrates diese Möglichkeit aus und stirbt dann durch den Schierlingsbecher, also durch ein Pflanzengift.

Warum man es kennen muss: Die *Apologie* gilt als bedeutendstes Werk der frühen klassischen griechischen Philosophie. Bis heute beeindruckt, wie konsequent und furchtlos Platons Sokrates in der Stunde der Gefahr argumentiert, ein Musterbeispiel angewandter Philosophie. Mit der *Apologie* beginnt die Philosophie als Suche nach Weisheit, nach rationaler Erkenntnis, die Ausformung der Logik als Disziplin der Weisheitssuche – und somit die Abkehr von unhinterfragten Dogmen.

Von Sokrates selbst sind keine eigenen Schriften überliefert; seine Lehre und sein Leben kennen wir nur durch die Überlieferungen seiner Schüler, vor allem Platon und Xenophon. Seine Argumentationsmethode bezeichnen wir heute als »Sokratischen Dialog«, in dem in Frage und Antwort der Philosoph sich selbst ebenso prüft wie sein Gegenüber und den Gegenstand, um den es geht. Dabei sind Sokrates die Grenzen der Erkenntnis stets bewusst. Als geflügeltes Wort sind sie in der Version Ciceros bekannt: »Ich weiß, dass ich nichts weiß.«

Sokrates, sein Schüler Platon und wiederum dessen Schüler Aristoteles gelten als die bedeutendsten Köpfe der antiken griechischen Philosophie – übrigens auch wörtlich: Von diesem Dreigestirn der Philosophie stellten schon die antiken Bildhauer (stark idealisierte und nicht unbedingt authentische) Büsten her – so bekam die Weisheit ein Gesicht.

 # Die Bibel
Was man wirklich wissen muss

Autor: Christian Nürnberger
Datierung: 2005
Fach: Religion
Thema: Christlicher (und jüdischer) Glaube

Darum geht es: Die Antwort auf die Frage, worum es in der Bibel geht, hängt nicht zuletzt davon ab, als was man sie betrachtet: Für die Gläubigen geht es um Gottes Wirken in der Welt, um Schöpfertat und Strafe, um göttliche Gesetze und die Verkündung des Heilsgeschehens durch die Ankunft des Messias. Für den Nichtgläubigen ist es ein »Lese- und Geschichtenbuch vom Menschen«, wie es Thomas Mann einmal zusammengefasst hat – ein Urtext unserer Kultur.

Der theologisch gebildete Publizist Christian Nürnberger erzählt die wichtigsten Geschichten des Alten Testaments, das sowohl Juden als auch Christen als Heilige Schrift gilt, und des Neuen Testaments, Heilige Schrift nur für die Christen, in dem Jesus Christus als Messias und Sohn Gottes verkündet wird. Nürnberger beschreibt die Schöpfungsgeschichte als revolutionäres Gegenprogramm zu der zuvor herrschenden Vielgötterei. Welt und Natur sind demnach weltlich, göttlich allein Gott. Dem Menschen aber verleiht Gott eine unantastbare Würde. Er berichtet vom Garten Eden, dem Sündenfall, dem Mord Kains an seinem Bruder Abel, der Vertreibung aus dem Paradies und von der Sintflut. Er erzählt die Geschichte Abrahams und seines Paktes mit Gott, berichtet, wie Jakob der Stammvater Israels wird. Nürnberger fasst zusammen, wie Moses in Gottes Auftrag den Exodus der Israeliten aus Ägypten anführt, wie Israel schließlich untergeht und die Juden seitdem auf den Messias warten, denn für sie ist Jesus, von dem im Neuen Testament berichtet wird, nicht der Verheißene. Nürnberger fährt fort, wie Jesus, der Sohn Gottes für die Christen, geboren und von Johannes im Jordan getauft wird, wie er als junger Mann seine Jünger um sich schart, Nächstenliebe predigt, Wunder wirkt, nach Jerusalem zieht, verraten und gefangen genommen und schließlich zum Tode verurteilt wird. Er endet damit, dass Jesus Petrus zu seinem Stellvertreter beruft, schließlich am Kreuz stirbt, um danach wiederaufzuerstehen.

Warum man es kennen muss: Die Bibel ist nicht nur das am weitesten verbreitete Buch der Welt, sie ist auch ein wichtiger Schlüssel zum Verständnis unserer europäischen Kultur. Unzählige Gemälde, Skulpturen, die gesamte sakrale Baukunst, aber auch Theaterstücke, Filme und Bücher sind ohne sie nicht zu verstehen. Sie befasst sich mit den ewigen Fragen nach dem Woher und Wohin des Lebens ebenso wie mit praktischen Gedanken guter Lebensführung. Und sie ist nicht zuletzt ein historisches Dokument: Sie erzählt von der Geschichte der Juden, ist aber auch selbst ein historisches Dokument, über Jahrhunderte entstanden, aus vielen Quellen sich speisend und in ihrer heutigen Gestalt (mit ihren, genau, kanonischen Texten) selbst ein Produkt jahrhundertelanger Modifikationen.

Nicht jeder wird sich durch das gesamte »Buch der Bücher« durcharbeiten, aber eine gute Übersicht über die zentralen Erzählungen sollte man schon haben. Da liefert Nürnbergers erklärende Nacherzählung einen guten Kompromiss. Auch wer nicht gläubig ist, sollte aber doch auch einige Stellen – den Auszug aus Ägypten etwa oder die Weihnachtsgeschichte nach Lukas – in einer guten Übersetzung lesen. Erst indem man auch in die Sprache eintaucht, wird man ermessen, warum dieser Text so vielen Menschen bis heute Maßstab ihres Handelns ist.

Selbstbetrachtungen

Originaltitel: Ta eis heautón
Autor: Marc Aurel
Datierung: verfasst ab etwa 172 n. Chr.
Fach: Philosophie
Thema: Antike Philosophie / Stoizismus

Darum geht es: Marc Aurel (121 – 180 n. Chr.), der römische Kaiser Marcus Aurelius Antoninus Augustus, wurde in den Lehren des Stoizismus erzogen. Die Stoiker sahen in der Welt ein universelles, die ganze Natur durchdringendes Prinzip am Werk. Der Einzelne muss seinen Platz in dieser Ordnung erkennen und ausfüllen. Dazu gehört es, mit emotionaler Selbstbeherrschung sein Los zu akzeptieren und mit Gelassenheit und Seelenruhe nach Weisheit zu streben.

In Aphorismen, Kommentaren, Gedanken und persönlichen Beobachtungen entfaltet Marc Aurel in den *Selbstbetrachtungen* sein Weltbild. Großteils hat er diese kurzen Texte wohl in Feldlagern an der Nordgrenze des Römischen Reichs geschrieben. Zentral für ihn ist dabei die Übereinstimmung mit der sogenannten Allnatur. Immer wieder betont er, wie wichtig es ist, sich von der Vernunft leiten zu lassen und sich am Gemeinwohl zu orientieren: Die *Selbstbetrachtungen* dienen der eigenen Orientierung und der Selbstvergewisserung. Eine besondere Rolle spielt dabei die Doppelanforderung, die er an sich stellt, Kaiser und Philosoph zu sein. »Hüte dich, dass du nicht ein tyrannischer Kaiser wirst!«, schreibt er etwa. »Ringe danach, dass du der Mann bleibest, zu dem dich die Philosophie bilden wollte.« Er plädiert zudem für eine realistische Sicht auf die Möglichkeiten und Grenzen der menschlichen Natur und eine entsprechende Politik. Vernunft und Gerechtigkeit gilt es auch gegen Widerstände durchzusetzen, erlegt er sich auf. Wo das nicht gelingt, soll man sich in Gelassenheit üben. – Marc Aurels *Selbstbetrachtungen* sind Staats- und Lebenskunst zugleich.

Warum man es kennen muss: Marc Aurel gilt als der letzte Stoiker und als der letzte in der Reihe der »fünf guten Kaiser« nach Nerva, Trajan, Hadrian und Antoninus Pius. Seine *Selbstbetrachtungen* werden zur Weltliteratur mit großem Einfluss gezählt. Einige Stellen seiner im Original griechischen Schrift stimmen mit christlichen Lehren überein, obwohl die ihm gänzlich unbekannt waren. Marc

Aurels Leben, so der Kirchenvater Augustinus, verdiene die Nachahmung der Gläubigen. Viele Staatsmänner, wie etwa Friedrich der Große und Helmut Schmidt, waren von den *Selbstbetrachtungen* beeindruckt. Aber »treib es nicht, als wenn du tausend Jahre zu leben hättest!«, mahnt uns alle der Kaiser. »Dein Schicksal hängt schon über dir. Solange du lebst, solange du noch die Möglichkeit hast, werde gut!« – Die *Selbstbetrachtungen* haben auch denen viel zu sagen, die nicht den Lorbeer des Staatenlenkers tragen. Und wer sich heute fragt, wie man ein gutes Leben führen kann, der muss keine obskuren Erbauungsgeschichten konsumieren, er kann sich auch erst einmal in die welt- und lebensklugen Betrachtungen des Philosophenkaisers vertiefen.

 # Utopia

Originaltitel: De optimo rei publicae statu deque nova insula Utopia
Autor: Thomas Morus
Datierung: 1516 (Erstveröffentlichung)
Fach: Philosophie/Politik
Thema: Utopien

Darum geht es: Der englische Staatsmann Thomas Morus schildert in seinem Roman sehr konkret einen idealen Staat. Dem Ich-Erzähler der Rahmenhandlung hat angeblich der weit gereiste und hoch gebildete Raphael, der eine Zeit lang bei den Utopiern gelebt haben will, von der Insel erzählt.

Im ersten Teil prangert Morus die Ungerechtigkeiten der damaligen feudalen Gesellschaftsordnung an. Heftig kritisiert er zum Beispiel die Praxis der Todesstrafe, die in England selbst Dieben drohte, sodass es für sie in der Konsequenz keinen Unterschied zwischen Diebstahl und Mord gab. Im zweiten Teil beschreibt er dann als Gegenmodell die fiktive Insel Utopia und das dortige Staatswesen. Die Utopier leben in Städten und bilden Familienverbände. Erwachsene gehen eine monogame Ehe ein. Die Hierarchie ist patriarchalisch, die Familienältesten bestimmen – und wenn sie altersbedingt dazu nicht mehr in der Lage sind, rückt der Nächstälteste nach. Wenn es in einer Familie zu viele Kinder gibt, werden sie in kinderarmen Familien untergebracht; bei allgemeiner Überbevölkerung besteht die Möglichkeit, Kolonien zu gründen. Das tägliche Leben ist in hohem Maß gemeinschaftlich organisiert: Die Erzeugnisse aus Landwirtschaft und Handwerk werden gemeinsam verwaltet und genutzt, gegessen wird in Gemeinschaftsküchen. So zeichnet Morus das Bild eines idealen, quasi sozialistischen Gemeinwesens mit gemeinschaftlicher Produktion, kollektivem statt privatem Eigentum, Arbeitspflicht, einer Kranken- und Altersversorgung sowie dem freien Zugang zur Bildung für alle. Gemeinwohl geht dabei vor Privatwohl; es gibt ausdrücklich keine Privatsphäre, und es besteht auch keine Freizügigkeit, dafür aber Religionsfreiheit. Anwälte sind unbekannt, und wenn man denn Kriege führen muss, setze man dafür ausländische Söldner ein. Diese ideale und menschenfreundliche Gesellschaft hält allerdings Sklaven (meist verurteilte Straftäter aus anderen Ländern), die alle Arbeiten verrichten, die mühselig oder schmutzig sind.

Morus (bzw. der Erzähler) merkt aber auch Zweifel an dieser Staatsform an, vor allem vermutet er, dass ohne Privateigentum »aller Adel, alle Erhabenheit, aller Glanz, alle Würde« aus dem Staatswesen verschwinden würden.

Warum man es kennen muss: Morus' Buch war so prägend, dass man fortan jeden positiven Zukunftsentwurf einer Gesellschaft, sei er literarisch, philosophisch oder essayistisch, als Utopie bezeichnete. Damit erwies es sich als weit erfolgreicher als das Urbild aller Utopien, Platons *Politea (Der Staat)*. Weitere berühmte utopische Romane sind zum Beispiel *Der Sonnenstaat* des italienischen Philosophen Tommaso Campanella oder *Neu-Atlantis* von Francis Bacon. Mit seinem eigenen Staat hatte Morus allerdings weniger Glück als die Utopier: Als Lordkanzler wollte er die Religionspolitik des englischen Königs nicht mittragen und wurde 1535 hingerichtet.

 **Beantwortung der Frage: Was ist Aufklärung?**

Autor: Immanuel Kant
Datierung: 1784
Fach: Philosophie
Thema: Aufklärung

Darum geht es: In seinem berühmten Essay erklärt der deutsche Philosoph Immanuel Kant den Begriff Aufklärung, der ein ganzes Zeitalter geprägt und bezeichnet hat. Er antwortet damit auf die Frage des Berliner Pfarrers Johann Friedrich Zöllner, die dieser in der Berlinischen Monatsschrift von 1783 gestellt hatte. Kant beginnt ohne Umschweife mit einer Definition: Aufklärung ist der »Ausgang des Menschen aus seiner selbst verschuldeten Unmündigkeit«. Als Unmündigkeit definiert er weiter »das Unvermögen, sich seines Verstandes ohne die Leitung eines anderen zu bedienen«. Selbst verschuldet ist sie, wenn ihr Grund nicht ein Mangel an Verstand ist, sondern die Angst davor, ihn zu gebrauchen. Kant fügt ein Horaz-Zitat an, das zum Wahlspruch der Aufklärung wird: »Sapere aude!« In seinen Worten: »Habe den Mut, dich deines eigenen Verstandes zu bedienen!« An anderer Stelle drückt er es noch einfacher aus: »Die Maxime, jederzeit selbst zu denken, ist die *Aufklärung.*«

Als Grund dafür, dass viele Menschen zeit ihres Lebens unmündig seien, führt er »Faulheit und Feigheit« an, denn unmündig zu sein, sei bequem. Weil das eigenständige Denken leicht auf andere, etwa Ärzte oder Seelsorger, übertragen werden kann, ist es nicht nötig, selbst zu denken, diagnostiziert Kant. Und der Großteil der Menschen, darunter, wie Kant in Prä-Gender-Zeiten schreibt, das »ganze schöne Geschlecht«, macht davon Gebrauch. Dadurch seien sie anfällig dafür, dass sich andere zu ihren Vormündern aufschwingen. Als Vorbedingung für das Selbstdenken fordert Kant die Freiheit und das Recht, von seiner Vernunft in allen Bereichen »öffentlichen Gebrauch zu machen«. Der Privatgebrauch der Vernunft dagegen kann eingeschränkt werden, ohne dass es der Aufklärung hinderlich ist. Ein Offizier, so sein Beispiel, darf etwa im Kriegsdienst nicht über den Nutzen eines Befehls nachdenken. Später aber muss er über die Fehler im Kriegsdienst öffentlich schreiben dürfen. Denn für Kant ist der öffentliche Diskurs die Basis für Reformen.

Warum man es kennen muss: Immanuel Kant gilt vielen als der bedeutendste Philosoph des Abendlandes. Seine Beiträge zur Erkenntnistheorie *(Kritik der reinen Vernunft)* sind genauso essenziell wie die zur Ethik *(Kritik der praktischen Vernunft)* und zur Ästhetik *(Kritik der Urteilskraft)* – sie zu studieren ist allerdings durchaus anspruchsvoll. Der Essay über die Aufklärung ist ein guter Einstieg, der das Interesse an dem großen Denker wecken kann. Und er hat mit seiner Aufforderung, selber zu denken, nichts von seiner Aktualität eingebüßt.

Manifest der Kommunistischen Partei

Autoren: Karl Marx und Friedrich Engels
Datierung: 1848 (Erstveröffentlichung)
Fach: Geschichte / Politik
Thema: Kommunismus

Darum geht es: Das *Kommunistische Manifest* (wie es meist kurz genannt wird) schrieben Karl Marx und Friedrich Engels im Auftrag des Bunds der Kommunisten, eines in London gegründeten internationalen revolutionär-sozialistischen Geheimbunds. Die bisherige Geschichte wird darin als Geschichte von Klassenkämpfen gedeutet, in denen sich große Gesellschaftsgruppen – eben die Klassen, die durch gemeinsame soziale Merkmale definiert sind – unversöhnlich gegenüberstehen. Im Zuge der Industrialisierung und des sich entwickelnden Welthandels ist die moderne Bourgeoisie entstanden, erklären sie, die sich gegen den Feudalismus und die Aristokratie durchsetzt, während gleichzeitig ein neuer Klassengegensatz entsteht: der zwischen Bourgeoisie und Proletariat. Die Bourgeoisie spielt durch die Umwälzung von Industrie und Handel eine höchst revolutionäre Rolle in der Geschichte, denn einerseits hat sie zwar den Feudalismus geschlagen, aber gleichzeitig hat sie Produktivkräfte heranreifen lassen, die sie nicht mehr beherrschen kann, sowie die Proletarier, die wiederum der Tod der Bourgeoisie sein werden. Ihr Untergang und der Sieg des Proletariats sind in der Logik dieser Programmschrift unvermeidlich. Nachdem das Proletariat als herrschende Klasse gewaltsam die alten Produktionsverhältnisse aufgehoben haben wird, wird die Basis der Klassengegensätze verschwunden sein, erklären Marx und Engels. An die Stelle der alten bürgerlichen Gesellschaft mit ihren Klassen und Klassengegensätzen »tritt eine Assoziation, worin die freie Entwicklung eines jeden die Bedingung für die freie Entwicklung aller ist«.

Warum man es kennen muss: Das *Manifest* ist die Geburtsurkunde des Kommunismus, einer weltumspannenden Bewegung, die mit dem Ziel angetreten war, die Menschheit zu befreien. Im 20. Jahrhundert verkehrt sie sich in ihrer stalinistischen und maoistischen Variante in das Gegenteil, in Unterdrückung und Massenmord. Verbunden mit der zeitweilig großen kommunistischen Bewegung fand der schmale Band massenhafte Verbreitung auf der ganzen Welt. Inwiefern man Marx und Engels für die Entwicklung der kommunistischen Bewegung haftbar machen kann, darüber kann man lange streiten. Fest steht, dass das *Manifest* noch heute interessant zu lesen ist, weil zum Beispiel die Entwicklung des Welthandels so beschrieben wird, als hätten die Autoren die heutige Globalisierung vor Augen gehabt. Aber auch wegen der Wortgewalt des Textes, von der Sätze zeugen wie: »Ein Gespenst geht um in Europa – das Gespenst des Kommunismus« oder »Proletarier aller Länder, vereinigt euch!«.

Joseph Fouché
Bildnis eines politischen Menschen

Autor: Stefan Zweig
Datierung: 1929
Fach: Geschichte
Thema: Französische Revolution

Darum geht es: Während in der Französischen Revolution ein Regime das andere ablöst, erst der König hingerichtet wird, dann ihre berühmten Anführer, erst Georges Danton, bei der nächsten Wendung Maximilien de Robespierre, bleibt ein wichtiger Akteur der epochemachenden Umwälzung immer auf dem Posten: Joseph Fouché. In allen Phasen der Revolution und auch danach, als Napoleon zunächst Konsul, später Kaiser wird.

Ab 1792 sitzt der politische Überlebenskünstler im Nationalkonvent als Angehöriger der radikalen Bergpartei, zu denen auch die Jakobiner gehörten, auch Marat, Robespierre und Danton – da saß die Macht. Der aus kleinbürgerlichen Verhältnissen stammende Fouché stimmt für die Hinrichtung Ludwigs XVI. 1793 verantwortet er bei der Niederschlagung eines monarchistischen Aufstands in Lyon 1600 Todesurteile. Mit kurzer Unterbrechung ist er von 1799 bis 1810 Polizeiminister unter Napoleon I. und baut eine Geheimpolizei auf. 1815 wird Fouché von Napoleon noch einmal zum Polizeiminister ernannt, bleibt aber heimlich mit dessen Gegnern in Verbindung und tritt im gleichen Jahr an die Spitze der provisorischen monarchistischen Regierung in Paris. Erst 1816 endet seine Karriere, und er wird unter dem Bourbonen-König Ludwig XVIII. als Königsmörder verbannt.

Stefan Zweig beschreibt Fouché als einen skrupellosen Machtmenschen, der kein großer Redner war, sondern im Schatten, in Ausschüssen und Kommissionen, Einfluss auf die Geschehnisse gewann. Als Drahtzieher im Hintergrund wirkt er zum Beispiel maßgeblich am Sturz Robespierres und an dessen Hinrichtung mit. Offiziell beteiligte er sich aber nicht daran und taucht – als sei nichts geschehen – erst am Tag danach wieder im Konvent auf. Für Zweig ist Fouché kein Überzeugungstäter, sein politischer Überlebenswille ist deshalb so erfolgreich, weil er sich nie ganz auf eine Partei einlässt, sondern sich immer die Möglichkeit des Rückzugs, des Wandels und der Veränderung offenlässt.

Warum man es kennen muss: Die Französische Revolution, die in ihrer beispiellosen Dialektik den feudal-absolutistischen Ständestaat abschaffte, um dann Napoleon als Kaiser hervorzubringen, hat die Grundlage für das moderne Europa gelegt und bis nach Amerika ausgestrahlt. Mit der Erklärung der Menschenrechte und später Napoleons *Code civil* wurde ein an der Aufklärung orientiertes Zivilrecht geschaffen, das bis heute nachwirkt. Gleichzeitig kann man an der Französischen Revolution exemplarisch die Muster vieler Revolutionen kennenlernen: der revolutionäre Aufschwung; der Umschlag, wenn die frühen Revolutionäre aus dem Weg geräumt werden (»Die Revolution ist wie Saturn, sie frißt ihre eigenen Kinder«, wie es bei Georg Büchner heißt); Phasen, in denen ein Teil der revolutionären Errungenschaften wieder verloren geht (nach dem Monat, in dem Robespierre getötet wurde, auch *Thermidor* genannt); schließlich die Restauration. Stefan Zweig gelingt es, diese historischen Ereignisse so nüchtern zu schildern, weil seine Hauptfigur kein Held ist, sondern ein skrupelloser Drahtzieher der Macht, der psychologisch genau gezeichnet wird.

Der *Joseph Fouché* ist zugleich ein gutes Beispiel für die von Zweig geschätzte Form der Romanbiografie: zwar sorgfältig recherchiert, aber keine historische Quelle. Man lernt in diesem Roman auch viel über das Handwerk der Politik, wobei die zum Glück – zumindest in unserem Land – nicht mehr so blutig und brutal ist wie an der Wende zum 19. Jahrhundert.

Tagebuch der Anne Frank

Originaltitel: Het Achterhuis
Autor: Anne Frank
Datierung: 1947 (Erstveröffentlichung)
Fach: Geschichte / Deutsch
Thema: Holocaust

Darum geht es: Anne Frank war ein jüdisches deutsches Mädchen aus Frankfurt / Main. Als fast Fünfjährige wanderte sie 1934 mit ihren Eltern in die Niederlande aus, um der Verfolgung durch die Nationalsozialisten zu entgehen. Sie ging dort zur Schule, auch zu Hause wurde Niederländisch gesprochen, sodass sie in dieser Sprache dachte, sprach und schrieb. Von Juli 1942 an bis zu ihrer Entdeckung und Verhaftung durch die Gestapo im August 1944 lebte die Familie zusammen mit einer weiteren dreiköpfigen Familie (zu der der nur wenige Jahre ältere Sohn Peter gehörte) sowie einem alleinstehenden Mann in einem versteckten Hinterhaus in Amsterdam. In diesem Versteck hielt Anne Frank ihre Erlebnisse und Gedanken zumeist in Form von Briefen in einem Tagebuch fest. Sie schreibt darüber, wie den in die Niederlande geflohenen deutschen Juden unter der deutschen Besatzung das Leben schwer gemacht wurde. Sie beschreibt den ungewöhnlichen Alltag, die Enge des Verstecks, schöne Überraschungen beim jüdischen Chanukka-Fest sowie Konflikte mit ihrer Mutter, ihrer Schwester und den anderen Mitbewohnern.

Je länger der Aufenthalt in dem Versteck dauerte, desto angespannter wurde die Situation. Viele ihrer Sorgen und Nöte sind die eines jeden Teenagers – gesteigert aber durch die räumliche Enge und das dauernde Bewusstsein der Gefahr. Anne Frank vertraut ihrem Tagebuch auch an, wie sie ihre eigene Sexualität entdeckt und Liebesgefühle zu dem Mitbewohner Peter aufkeimen. Als sie älter wird, befasst sie sich auch mit abstrakteren Themen wie dem Glauben an Gott. Und sie träumt von einer Zukunft, von einer Zeit, in der sie nicht mehr im Hinterhaus leben muss: Später möchte sie eine berühmte Schriftstellerin werden.

Der letzte Tagebucheintrag stammt vom 1. August 1944, drei Tage vor ihrer Verhaftung. Anne und ihre Schwester Margot sterben im Februar 1945 im Konzentrationslager Bergen-Belsen. Annes Vater Otto Frank überlebt als Einziger der im Hinterhaus Untergetauchten und veröffentlicht das Tagebuch 1947. Miep Gies, eine der Helferinnen, die Anne, ihrer Familie und den anderen Untergetauchten geholfen hatte, hatte das Buch nach deren Verhaftung gerettet.

Warum man es kennen muss: Die Aufzeichnungen dieses klugen jungen Mädchens bieten auch für heutige Teenager noch Identifikationsmöglichkeiten: Indem man Annes Alltagserfahrungen, Träumen, Ängsten und Hoffnungen folgt, rückt einem der Horror des Nationalsozialismus näher. Gleichzeitig dokumentiert Anne Franks Tagebuch die Unbeugsamkeit des Geistes selbst in nahezu aussichtslosen Situationen – und es berührt besonders, weil man gar nicht anders kann, als die Eintragungen vor dem Hintergrund ihres späteren Schicksals zu lesen. Anne Frank wurde zur Stimme der Opfer des Holocausts. Und ihr Traum vom Schriftstellerinnenruhm auf tragische Weise doch noch wahr: Das Buch wurde ein Welterfolg. Auch in Deutschland wurde das *Tagebuch der Anne Frank* zum Bestseller und in mehreren Theaterstücken und Filmen adaptiert.

Die offene Gesellschaft und ihre Feinde

Originaltitel: The Open Society and Its Enemies
Autor: Karl R. Popper
Datierung: 1945 (deutsche Erstausgabe ab 1957)
Fach: Philosophie
Thema: Kritischer Rationalismus

Darum geht es: Der österreichisch-britische Philosoph rechnet in seinem zweibändigen Hauptwerk ausführlich mit den Gedankensystemen der Philosophen und Gesellschaftstheoretiker Platon, Friedrich Hegel und Karl Marx ab und setzt dem seine Theorie des »kritischen Rationalismus« entgegen. Darunter fasst er eine Lebenseinstellung, »die zugibt, dass ich mich irren kann, dass du recht haben kannst und dass wir zusammen vielleicht der Wahrheit auf die Spur kommen werden«. Popper wirft der Geschichtsphilosophie vor, mit ihren Werken totalitäre Systeme theoretisch begründet und praktisch befördert zu haben. Deren Bild von »geschlossenen Gesellschaften« setzt er seine Vorstellung einer »offenen Gesellschaft« entgegen. Die folgt keinem theoretischen Bauplan, sondern entwickelt sich pluralistisch in einem fortwährenden Prozess, in dem sich Verbesserungsversuche und Irrtumskorrekturen ablösen. Weil er in seiner *Politea* für ein Machtmonopol der Philosophen plädierte, die ein zwar möglicherweise kluges, aber auf jeden Fall autoritäres Regime führen würden, ist Platon für Popper der erste Theoretiker einer geschlossenen Gesellschaft. In diesen geschlossenen Gesellschaften kann es keine gewaltlose Veränderung geben, sie werden von Eliten diktatorisch beherrscht. In Hegel sieht Popper einen reaktionären Apologeten der preußischen Staatsmacht, der eine Denkart etabliert hat, die nicht auf Gedankenaustausch und Argumentation, sondern auf Beeindruckung und Einschüchterung ausgerichtet gewesen ist und nach intellektueller auch moralische Verantwortungslosigkeit nach sich gezogen hat. Bei Marx kritisiert Popper vor allem die von Hegel übernommene dialektische Methode, mit der die Gesetze der Logik ausgehebelt werden, sowie das deterministische Geschichtsbild. Seine eigene Vorstellung einer offenen Gesellschaft impliziert auch, dass der Mensch die Verantwortung für Gesellschaft und Geschichte selbst übernehmen muss: Weder eine göttliche Kraft noch ein allwaltender Geschichtswillen oder dergleichen kann ihn davon befreien.

Warum man es kennen muss: Karl Popper hat die Arbeit an seinem Hauptwerk am 14. März 1938, in seinem neuseeländischen Exil, begonnen – einen Tag vor Hitlers Einmarsch in Österreich. Es erschien im Jahr des Kriegsendes. So hat Popper sein berühmtestes Werk, das in alle Weltsprachen übersetzt wurde, auch als Beitrag im Kampf gegen den Faschismus, aber auch gegen den Stalinismus verstanden. Doch es wirkte und wirkt weit darüber hinaus: Der Begriff der offenen Gesellschaft gelangte in den allgemeinen Sprachgebrauch. Und Poppers Generalkritik an Platon, Hegel und Marx hat – auch wegen ihrer klaren Sprache – Leben in die philosophische Debatte gebracht und lädt dazu ein, sich auch mit den Kritisierten näher zu befassen. Und sich zu prüfen, wie wir die Herausforderung einer offenen Gesellschaft bestehen.

Das Grundgesetz für die Bundes-
republik Deutschland

Autor: Parlamentarischer Rat
Datierung: Erlassen am 23. Mai 1949
Fach: Politik
Thema: Grundgesetz

Darum geht es: Das Grundgesetz ist die Verfassung der Bundesrepublik Deutschland und gleichzeitig gewissermaßen ihre Geburtsurkunde. Beschlossen wurde es 1949 vom Parlamentarischen Rat, einer Verfassunggebenden Versammlung, die sich aus Entsandten der Landtage der westdeutschen Länder zusammensetzte. Den Begriff Verfassung vermied man, um die Vorläufigkeit zu betonen und die Tür zur Wiedervereinigung offen zu lassen. Das Grundgesetz setzt die Normen für die Rechte des Einzelnen. Es legt fest, wie unser Staat aufgebaut ist und nach welchen Regeln seine Glieder zu arbeiten haben. Programmatisch beginnt das Grundgesetz (im Gegensatz zur Weimarer Verfassung) mit den Grundrechten, etwa der Freiheit der Person, der Gleichheit vor dem Gesetz, der Bekenntnis- und Meinungsfreiheit, dem Schutz von Ehe und Familie oder der Versammlungsfreiheit. Der erste Satz gibt gleich den Ton vor: »Die Würde des Menschen ist unantastbar.«

Dann legt das Grundgesetz fest, dass unser Land ein demokratischer und sozialer Bundesstaat und ein Rechtsstaat ist, bei dem alle Staatsgewalt vom Volke ausgeht, und dass es als letztes Mittel ein Recht zum Widerstand gegen jeden gibt, der diese Ordnung beseitigen will. Im Folgenden werden die Rechte des Bundes und der Länder festgelegt; entsprechend der Gewaltenteilung werden Normen und Regeln für den Bundestag, den Bundesrat, die Bundesregierung und den Bundespräsidenten gesetzt. Schließlich werden Regeln für die Gesetzgebung, die Rechtsprechung, das Finanzwesen und – später eingefügt – für den Verteidigungsfall aufgestellt. Seit dem Beitritt der DDR zur Bundesrepublik im Oktober 1990 gilt das Grundgesetz in ganz Deutschland.

Warum man es kennen muss: Das Grundgesetz gibt die Regeln vor, nach denen wir in unserem Land zusammenleben. Die muss jeder kennen und befolgen, ob er schon lange hier lebt oder neu hinzugekommen ist. Inwiefern wir eine Leitkultur brauchen, darüber kann man streiten. Aber die Normen des Grundgesetzes einzuhalten, das muss man von jedem verlangen. Mit dem Grundgesetz haben die Verfassungsmütter und -väter die Lehren aus dem Nationalsozialismus und den Fehlern der Weimarer Republik gezogen, einen funktionierenden Staatsmechanismus geschaffen und vor allem die Freiheitsrechte des Einzelnen starkgemacht. Ein Gesetz, auf das man stolz sein kann.

Zur Person: Hannah Arendt im Gespräch mit Günter Gaus

Gesprächsführung: Günter Gaus
Datierung: 1964
Fach: Philosophie/Politik
Thema: Politische Theorie

Darum geht es: Ein Format, das es im heutigen Fernsehen nicht mehr gibt: Fast zwei Stunden lang interviewt ein großer Journalist eine bedeutende politische Theoretikerin. Sie erörtern viele Themen des öffentlichen und geistigen Lebens, sprechen über das spannungsreiche Verhältnis zwischen Philosophie und Politik und über die Emanzipation der Frau. Arendt gibt Auskunft darüber, was sie antreibt und ob sie Wirkung erzielen wolle. Die 1906 geborene Arendt erzählt von ihrer Kindheit und Jugend in Hannover und Königsberg, in der sie sich für Politik und Geschichte nicht interessiert hatte. Dass sie Jüdin ist, erfährt sie erstmals durch antisemitische Bemerkungen anderer Kinder. Zu Hause lernt sie, dass man sich wehren müsse. Sie berichtet von ihrer kurzzeitigen Inhaftierung durch die politische Polizei 1933 und die anschließende Emigration aus Deutschland. Gaus befragt sie zu ihrer Reportage über den Prozess gegen den SS-Offizier Adolf Eichmann in Jerusalem *(Ein Bericht von der Banalität des Bösen)*, der heftige Kontroversen ausgelöst hatte. Sie spricht über den früheren »Weltverlust der Juden«, der eine spezifische Wärme erzeugte, die mit der Freiheit verloren ginge. Das Gespräch dreht sich weiter darum, ob Wissenschaftler ihr Wissen zurückhalten dürfen und wie wichtig die Unparteilichkeit der Forscher ist. Es geht um die Entwurzelung und Verlassenheit des modernen Massenmenschen, um

das Einfließen der eigenen Erfahrung in die Forschungs-
arbeit und schließlich den Einfluss von Karl Jaspers auf
ihre Arbeit.

Warum man es kennen muss: Das Gespräch ist ein intellektueller Hochgenuss. Günter Gaus stellt präzise, kenntnis-
reiche Fragen, und Hannah Arendt antwortet ebenso. Man
kann ihr regelrecht beim Denken zuschauen. Wer sich
für politische Theorie oder Philosophie interessiert, muss
dieses Gespräch gesehen haben, das ein guter Einstieg in
Hannah Arendts Gedankenwelt ist. Es ist zugleich ein Zeitdokument, rein atmosphärisch – durch die Schwarz-Weiß-
Aufnahme, weil geraucht wird – und ein journalistisches
Glanzstück. Mehr als eine Million Menschen haben sich
das Interview inzwischen auf YouTube angeschaut.

 **Doktor Schiwago**

Originaltitel: Doctor Zhivago
Regie: David Lean
Drehbuch: Robert Bolt
Datierung: 1965 (deutsche Fassung 1966)
Fach: Geschichte / Geografie
Thema: Russische Geschichte

Darum geht es: Der Film nach dem gleichnamigen Roman
von Boris Pasternak erzählt die Geschichte eines russischen Arztes (und Dichters), der zwischen zwei Frauen
hin- und hergerissen ist. Den Hintergrund bilden der Erste

Weltkrieg, die Oktoberrevolution und der anschließende Bürgerkrieg. Jurij Schiwago heiratet nach seinem Medizinstudium Tonja, die Tochter seiner Pflegeeltern und spätere Mutter seines Sohnes. Seine Gefühle gelten aber nicht ihr, sondern der schönen blonden Lara, die er als junger Arzt kennenlernt, als ihre Mutter einen Suizidversuch unternimmt. Er begegnet ihr an der Front im Ersten Weltkrieg wieder – er als Arzt, sie als Krankenschwester (die inzwischen den Revolutionär Pascha geheiratet hat) – und sie verlieben sich, doch da sie beide verheiratet sind, wollen sie sich auf eine platonische Liebe beschränken.

Um den Wirren der Revolution zu entgehen, zieht Schiwago mit seiner Familie von Moskau in den Ural. Lara lebt ganz in der Nähe, er besucht sie, und nun können sie ihrer Liebe nicht länger widerstehen. Doch Schiwago beendet diese Beziehung unter Tränen wieder, als seine Frau Tonja kurz vor der Entbindung steht. Auf dem Rückweg von diesem Treffen wird Schiwago von bolschewistischen Partisanen verschleppt; sie zwingen ihn zum Dienst als Arzt bei ihnen. Nach zwei Jahren an verschiedenen Fronten kann er fliehen. Auch seine Frau ist geflohen, nach Paris, und Lara und er nehmen ihre Beziehung wieder auf. Aus Angst vor den neuen Machthabern flieht Lara, deren Mann sich mittlerweile das Leben genommen hat, mit dem opportunistischen Überlebenskünstler Komarovsky ins Ausland. Schiwago kehrt allein nach Moskau zurück. Jahre später glaubt er in einer vorbeigehenden Frau Lara wiederzuerkennen. Verzweifelt versucht er ihr zu folgen. Doch wegen einer Herzschwäche bricht er auf offener Straße zusammen und stirbt.

Warum man es kennen muss: *Doktor Schiwago* bot, mitten im Kalten Krieg, einen berührenden Einblick in die viel zitierte »russische Seele«. Sie zeigt sich etwa in der Tiefe der Liebe zwischen Schiwago und Lara, die so weit geht, dass er sie mit dem brutalen Komarovsky ins Ausland fliehen lässt, um sie zu retten, aber bis zum Lebensende von der Liebe zu ihr geprägt ist. Der Academy of Motion Picture Arts and Sciences war dieser Einblick fünf Oscars wert. Boris Pasternaks Buch ist deutlich politischer und durfte in der UdSSR jahrzehntelang nicht erscheinen – erst 1987, während der Perestroika, konnte man Pasternaks einzigen Roman auch in Russland lesen. So gesehen ist es eine Kuriosität, dass die russische Seele von einem britischen Regisseur mit einem ägyptischen Hauptdarsteller an Drehorten in Spanien zum Schwingen gebracht wurde.

 ## Der Archipel Gulag

Originaltitel: Archipelag GULAG
Autor: Alexander Solschenizyn
Datierung: Aufnahme der Arbeit 1958, russische
   Ausgabe 1973 (deutsche Übersetzung 1974)
Fach: Geografie/Deutsch
Thema: Russland/Sowjetische Dissidentenliteratur

Darum geht es: Der sowjetische Schriftsteller Alexander Solschenizyn beschreibt in seinem Hauptwerk das sowjetische Zwangsarbeitslagersystem und die Lebensbedingungen seiner zahllosen Opfer. Die russische Abkürzung Gulag oder GUL bedeutet *Glawnoje uprawlenije isprawitelnotrudowych lagerej i kolonij*, auf Deutsch »Hauptverwaltung der Besserungsarbeitslager und -kolonien«. Diese Lager bilden für Solschenizyn ein in sich geschlossenes System der Entmenschlichung, einer Art Inselwelt, die über die gesamte Sowjetunion verteilt ist, eben ein Archipel. In dem mehrteiligen Werk schildert Solschenizyn den nach der Oktoberrevolution 1917 energisch vorangetriebenen Ausbau der russischen »Gefängnisindustrie« (so der Titel des ersten Teils). Während der Jahre des »Großen Terrors« (1936 bis 1938) und der stalinistischen Säuberungswellen wurden Millionen von Menschen in die Lager geschickt – bis heute schwanken die Zahlen und Schätzungen in etwa zwischen 1,5 und 5 Millionen. Offiziell wurden all diese Menschen aus politischen, später auch aus ethnischen oder religiösen Gründen deportiert – faktisch, berichtet Solschenizyn, lagen auch wirtschaftliche Erwägungen und Arbeitskräftebedarf zugrunde. Und das Ziel, die Bevölkerung in Angst zu versetzen und Misstrauen zu schüren, wie er im vierten Teil des Buches beschreibt. Denn damit das System sich immer weiter fortsetzen konnte, durfte niemand sicher sein: Wer gestern noch Täter war, konnte morgen schon Opfer sein. Haupttäter aber ist für Solschenizyn ohne Zweifel Stalin.

Aufgrund eigener Erfahrungen – Solschenizyn hatte selbst eine achtjährige Lagerhaft überlebt –, aber vor allem aufgrund vieler Zeitzeugenberichte und auch staatlicher Dokumente, schildert er den Lageralltag und den Weg der Häftlinge von der Einlieferung bis zum Tod durch Mangelernährung, Krankheiten oder sadistische Bewacher. Solschenizyn beschreibt, wie sich die Menschen im Lager veränderten, weil sie zum Beispiel untereinander um die dürftigen Essensrationen kämpfen mussten. Schließlich gibt er einen kritischen Ausblick auf die Zeit nach Stalin: »Die Machthaber wechseln, der Archipel bleibt.« Nach der

Veröffentlichung von *Archipel Gulag* wurde Solschenizyn, damals schon Literaturnobelpreisträger, ausgewiesen. Er lebte viele Jahre in der Schweiz und den USA, bevor er 1994 nach Russland zurückkehren konnte.

Warum man es kennen muss: Wenn man über die Gewalterfahrungen und die Diktaturen des 20. Jahrhunderts reden will, muss man auch über den Stalinismus reden. Seitdem die ersten Teile von *Der Archipel Gulag* 1973 in russischer Sprache in Paris veröffentlicht wurden, gilt es weltweit als wichtigstes Zeugnis des stalinistischen Terrors in der Sowjetunion und als eines der einflussreichsten Bücher des 20. Jahrhunderts. Kritiker und Gegner des Kommunismus im Westen sahen sich bestätigt, viele Anhänger etwa in den westeuropäischen kommunistischen Parteien wandten sich von der Sowjetunion ab. Nach dem Fall des Eisernen Vorhangs und dem Ende der Sowjetunion waren die Archive kurze Zeit geöffnet, und russische Historiker begannen die Zeit des Stalinismus aufzuarbeiten. Diese Zeit ist wieder vorbei, heute wird Stalin in der offiziellen Propaganda in einer Linie mit den großen Herrschern genannt, die das Land stark gemacht haben. *Der Archipel Gulag* ist bis heute eine erschütternde Mahnung gegen das Vergessen.

Der kleine Unterschied und seine großen Folgen

Autorin: Alice Schwarzer
Datierung: 1975
Fach: Geschichte/Sozialkunde
Thema: Frauenbewegung

Darum geht es: Siebzehn Frauen, die Alice Schwarzer interviewt hat, berichten über ihr Leben, vor allem über die Schwierigkeiten, über Probleme bei der Arbeit und Probleme im Bett. Über die Ehe und die Kinder. Über Hausarbeit und Freundinnen, übers Geld und die Figur. Hausfrauen und Studentinnen, eine Apothekerin, eine Lektorin, eine Stenotypistin und eine Prostituierte. Sie sind ledig, verheiratet oder geschieden, mit und ohne Kinder – ein Querschnitt der Gesellschaft. Die eine fühlte schon als Kind, dass sie »niemand war«, weil ihr Bruder vorgezogen wurde. Sie durfte nicht aufs Gymnasium und musste heiraten. Die andere hat eine kleine Ecke auf dem Schreibtisch ihres Mannes, auf dem sie seine Manuskripte abtippt; Lohn erhält sie nicht dafür. Eine weitere berichtet, dass ihr Mann ihr verbietet, abends wegzugehen. Vor allem aber sprechen sie offen über ihre Sexualität: über ihr Gefühl, sich nur als Objekt zu fühlen; über wahnsinnige Schmerzen beim Geschlechtsverkehr, den sie trotzdem erdulden; darüber, dass sie den Orgasmus vortäuschen; über die sexuelle Anziehung zwischen Frauen.

Alice Schwarzer ordnet die Protokolle der Frauen ein, beschreibt die Sexualität als »Angelpunkt des Machtverhältnisses zwischen den Geschlechtern und der Unterdrückung der Frauen«, klagt den »Drill zur Weiblichkeit« und die »Zwangsheterosexualität« an, den »Geschlechterdrill«, die »Betthierarchien« und den »Terror herrschender Normen«, genau wie die Doppelbelastung in Haushalt und Beruf und die Unterbezahlung der Frauen.

Warum man es kennen muss: Das Buch von Alice Schwarzer (* 1942) ist ein Schlüsselwerk der (west)deutschen Frauenbewegung. Erstmals wurde die Unterdrückung der Frauen in Familie und Beruf so geballt zum öffentlichen Thema. Die Reaktion war heftig. Die Süddeutsche Zeitung nennt Schwarzer daraufhin eine »frustrierte Tucke«, die Bild-Zeitung eine »Hexe mit stechendem Blick«, die Münchner Abendzeitung eine »Nachteule mit dem Sex einer Straßenlaterne«. Doch die Frauenbewegung ist nicht zu stoppen und führt zur wirksamsten Kulturrevolution in Deutschland (mit Alice Schwarzer als ihrer prominentesten Vertreterin) und den anderen Ländern des Westens. Auch international ist das Buch ein Erfolg. Es wurde in zwölf Sprachen übersetzt, zuletzt ins Koreanische.

Die Entmythologisierung der Wirtschaft. Grundvoraussetzungen ökonomischen Denkens

Originaltitel: Economics in Perspective: A Critical History
Autor: John Kenneth Galbraith
Datierung: 1987 (Originalausgabe),
 1990 (deutsche Übersetzung)
Fach: Wirtschaft
Thema: Geschichte der Wirtschaftstheorien

Darum geht es: Der 1908 in Kanada geborene Ökonomieprofessor Kenneth Galbraith führt in diesem Grundlagenwerk durch die Geschichte der Wirtschaftstheorien. Sein Ansatz wendet sich dabei gegen Haltungen, die diesen Theorien eine Eigengesetzlichkeit zuschreiben wollen: Wirtschaftstheoretische Ideen besitzen für Galbraith kein Eigenleben, sie entstehen nicht im luftleeren Raum ohne Bezug auf die wirtschaftliche Wirklichkeit. Ökonomische Ideen sind vielmehr »immer und im hohen Maße Ergebnis ihrer eigenen Zeit und Umwelt; losgelöst von der Welt, die sie deuten, lassen sie sich nicht betrachten«. Nicht Theorien verändern die Welt, sondern die Theoretiker folgen dem Zug der Zeit, steht für ihn fest. Triebkraft der Wirtschaftswissenschaft sind demnach vor allem große Krisen wie soziale Umwälzungen und Depressionen. Denn, so Galbraith: »Ernsthafte ökonomische Diskussion setzt ein ernsthaftes ökonomisches Problem voraus.«

Aus dieser Perspektive lernt der Leser, wie im Wandel der Zeit über die Ökonomie nachgedacht wurde, von der Antike bis in die 1980er Jahre (damals waren japanische

Produktionsmethoden gerade en vogue). Die radikalen Ideen von Karl Marx erscheinen so nicht als Kopfgeburten, sondern als Produkte der industriellen Revolution, und die von John Maynard Keynes als Ergebnis der Weltwirtschaftskrise. Galbraith stellt die Ideen Adam Smith', des Begründers der klassischen Nationalökonomie, ebenso vor wie jene von Milton Friedman, der im Gegensatz zu Keynes die Meinung vertrat, dass der Staat sich aus der Wirtschaft raushalten solle.

Warum man es kennen muss: Galbraith vermittelt einen auch für den ökonomischen Laien verständlichen Überblick über die Geschichte der Wirtschaftstheorien. Das lässt einen den immer wiederkehrenden Streit darum, inwieweit sich der Staat in die Wirtschaft einmischen solle, besser verstehen. Galbraith selber ist Keynesianer, hängt also der Idee an, dass der Staat in Krisenzeiten die Wirtschaft durch Konjunkturprogramme und niedrige Zinsen ankurbeln müsse. Aber vor allem bedient sich der bedeutende Nationalökonom einer klaren und unverschnörkelten Sprache und ist nicht ohne Witz, wenn er etwa Milton Friedman als »völlig unbelastet von jedem Zweifel, wie er zuweilen feinsinnigere Gelehrte befällt«, beschreibt. Am besten liest man das englischsprachige Original, denn in der deutschen Übersetzung geht viel von Galbraith' Esprit verloren.

 Wall Street

Originaltitel: Wall Street
Regie: Oliver Stone
Drehbuch: Stanley Weiser / Oliver Stone
Datierung: 1987
Fach: Wirtschaft / Sozialkunde
Thema: Börse / Kapitalismus

Darum geht es: Der Film spielt 1985 an der Wall Street in New York, dem Sitz der weltgrößten Wertpapierbörse. Der aus einfachen Verhältnissen stammende Bud Fox ist ein junger, aufstrebender Börsenmakler. Sein großes Vorbild ist der Börsengigant Gordon Gekko. Der bringt Bud dazu, Insiderinformationen über die Fluggesellschaft zu liefern, in der sein Vater arbeitet. Gekko kauft daraufhin Aktien des Unternehmens und verdient damit schnell viel Geld. Er belohnt Fox finanziell, aber auch mit einem weiteren Auftrag und einem Callgirl und nimmt ihn schließlich in sein Team auf. Fox wird zu Gekkos Zögling. Er lernt vor allem, dass der Schlüssel zum Erfolg an der Börse in der Beschaffung von Insiderinformationen und ihrer illegalen Verwendung liegt. Fox steigt in Gekkos Firma weiter auf. Doch dann erfährt er, dass Gekko das traditionsreiche Flugzeugunternehmen aus reiner Profitgier zerschlagen will. Gekko erklärt ihm, dass es immer nur ums Geld gehe, dass das Geldverdienen auf Kosten anderer für ihn nur ein Spiel sei und er keine moralischen Skrupel kenne. Fox beschließt, ihm das Handwerk zu legen, wird dann aber selber wegen Insiderhandels festgenommen. Gekko ist von Fox enttäuscht, aus wirtschaftlichen Gründen, aber auch, weil er väterliche Gefühle für ihn entwickelt hat. Fox kooperiert mit den Behörden gegen Gekko. Sein Vater stellt ihm für die Zeit nach dem Gefängnis einen Job bei der (geretteten) Fluggesellschaft in Aussicht.

Warum man es kennen muss: Wirtschaft ist manchmal wie ein Krimi, vor allem, wenn sie aus purem Gewinnstreben den Rahmen der Legalität verlässt. Und *Wall Street* ist einer der instruktivsten und erfolgreichsten Wirtschaftskrimis, die Hollywood hervorgebracht hat. In kaum einem anderen Film wird das Klima im Spekulationsgeschäft so realistisch dargestellt. Legendär ist Gordon Gekkos Rede: »Gier ist gut. Gier ist richtig. Gier funktioniert. Gier hat das Beste im Menschen hervorgebracht.« Der Schauspieler Michael Douglas, der ihn spielte, erhielt für die Darstellung seinen zweiten Oscar als Hauptdarsteller. Die Finanzkrisen der letzten Jahre haben einmal mehr gezeigt, wie wichtig das Geschehen an den Börsen und der spekulative Umgang mit Waren und Währungen für die Weltwirtschaft sind.

Wilde Schwäne
Die Geschichte einer Familie

Originaltitel: Wild Swans. Three Daughters of China
Autorin: Jung Chang
Datierung: 1991 (Originalausgabe und deutsche Ausgabe)
Fach: Geografie / Geschichte
Thema: Chinesische Geschichte des 20. Jahrhunderts

Darum geht es: Die 1952 geborene chinesisch-britische Schriftstellerin Jung Chang erzählt die Geschichte ihrer Familie in China von 1909 bis 1978. Protagonistinnen sind Frauen aus drei Generationen: ihre Großmutter Yufang, ihre Mutter Baoqin und sie selbst. Sie beschreibt, wie – von der Kaiserzeit bis zur Zeit Maos und seiner Nachfolger in der Volksrepublik China – politische Ideen rücksichtslos umgesetzt wurden, was ihre Familie leidvoll erfuhr. Yufang werden in der Kaiserzeit noch die Füße zerschmettert und eingebunden. Ihr Vater verkauft sie an einen General der nordchinesischen Beiyang-Armee, der sie als Konkubine nimmt. Nach dessen Tod flieht sie mit ihrer kleinen Tochter Baoqin in die Mandschurei, heiratet und erlebt die Zeit der japanischen Okkupation zwischen 1932 und 1945. Baoqin arbeitet schon mit fünfzehn Jahren für die zunächst im Untergrund agierende Kommunistische Partei Chinas (KPCh) gegen die regierende Kuomintang. Sie erhofft sich durch die Kommunisten sozialen Fortschritt und die Emanzipation der Frau. Baoqin heiratet unter Missbilligung ihrer Mutter einen Guerillakämpfer und Parteiideologen. Das Paar bekommt fünf Kinder, unter anderem Jung, und die Familie erlebt die maoistische Zeit mit einer kurzen Phase der Selbstkritik (Hundert-Blumen-Bewegung), den »Großen Sprung nach vorn« mit ihren entsetzlichen Hungersnöten infolge einer völlig verfehlten Planwirtschaft und die Kulturrevolution als gewaltiges, um die Person Maos kreisendes Umerziehungsprogramm. Jungs Eltern werden mehrfach Opfer der verschiedenen politischen Kampagnen, werden denunziert, verhaftet, die Kinder auf verschiedene Heime verteilt. Jung gehört den Roten Garden an, der Mao treu ergebenen Jugendorganisation. Nach der Kulturrevolution studiert Jung Englisch und erhält ein Stipendium, um in England zu studieren. Dort lebt sie seit 1978.

Warum man es kennen muss: Das Buch vermittelt am Beispiel einer Familie die ganze bewegte Geschichte Chinas im letzten Jahrhundert. Wer die heutige wirtschaftliche und politische Gemengelage nicht nur in Ostasien verstehen will, der muss sich mit der Geschichte der (wieder) aufstrebenden Großmacht beschäftigen. Jungs biografisches und autobiografisches Buch zeichnet ein Bild von der Rücksichtslosigkeit, mit der Mao seine Variante des Kommunismus in China durchgesetzt hat, liefert aber auch Hinweise zum Verständnis des ambivalenten Verhaltens der heutigen chinesischen KP. In der Volksrepublik China ist *Wilde Schwäne* nach wie vor verboten; in Taiwan erschien allerdings schon 1992 eine chinesische Ausgabe. Und weltweit haben sich mehr als zehn Millionen Leser vom Schicksal dieser drei Frauengenerationen mitreißen lassen.

Schindlers Liste

Originaltitel: Schindler's List
Regie: Steven Spielberg
Drehbuch: Steven Zaillian
Datierung: 1993
Fach: Geschichte
Thema: Holocaust

Darum geht es: *Schindlers Liste* erzählt davon, wie der deutsche Industrielle Oskar Schindler im Zweiten Weltkrieg rund 1200 Juden aus Polen und der Tschechoslowakei vor dem Tod gerettet hat, indem er sie in seinen Rüstungsbetrieben beschäftigte.

Der erfolglose Industrielle Oskar Schindler übernimmt nach dem Überfall der Wehrmacht auf Polen in Krakau eine Fabrik, um mit jüdischen und polnischen Zwangsarbeitern unter anderem Kochgeschirr für die Wehrmacht zu produzieren. Mit Geschenken und Bestechungsgeldern gewinnt er die Unterstützung einflussreicher SS-Offiziere; von im Untergrund agierenden jüdischen Geschäftsleuten erhält er Geld, um das Unternehmen zu kaufen. Itzhak Stern, der dem von den Nazis eingerichteten Judenrat angehört, leitet für ihn die Fabrik und rettet, geduldet von Schindler, jüdische Kinder und Alte vor der Vernichtung. Dann übernimmt ein besonders unmenschlicher und sadistischer SS-Offizier in Krakau das Kommando. Er lässt das Ghetto räumen und befiehlt seinen Truppen, jeden zu erschießen, der zu schwach ist, sich weigert oder versteckt. Die anderen werden in ein Arbeitslager deportiert. Schindler beobachtet das und erlebt erstmals die Barbarei der Nazis. Mit immensen Bestechungsgeldern bringt er den SS-Offizier dazu, ihm Arbeiter aus seinem Lager zu überlassen. Schließlich erhält der den Befehl, alle Lager-insassen nach Auschwitz zu deportieren. Schindler setzt mit weiteren hohen Bestechungsgeldern durch, dass er seine Arbeiter behalten kann. Zusammen mit seinem jüdischen Fabrikleiter stellt er eine Liste mit den Namen seiner Arbeiter zusammen. Viele von ihnen werden durch diese Aktion gerettet.

Warum man es kennen muss: Der Film schildert beeindruckend die Unmenschlichkeit der Nazis und das Leid der Opfer. Gleichzeitig zeigt er, dass es Menschen gab, die in dieser Hölle den Mut und die Kaltblütigkeit hatten, Menschen vor dem Weg in den Tod zu retten. Der Film erhielt 1994 sieben Oscars. Der Regisseur Steven Spielberg, aus dessen Familie mehrere Vorfahren in Konzentrationslagern ermordet wurden, spendete rund 60 Millionen Dollar der Filmeinnahmen zur Gründung der Shoah Foundation.

Der lange Weg zur Freiheit

Originaltitel: Long Walk to Freedom
Autor: Nelson Mandela
Datierung: 1994 (Original- und deutsche Ausgabe)
Fach: Geografie / Politik
Thema: Afrika

Darum geht es: Nelson Mandela (1918 – 2013), der südafrikanische Freiheitskämpfer und spätere Präsident, erzählt in seinem autobiografischen Bericht ausführlich von seiner Kindheit und Jugend, von seiner politischen Karriere und den Jahrzehnten im Gefängnis.

Seine Kindheit in einem Dorf im Südosten Südafrikas war durch Gebräuche, Rituale und Tabus des Volkes der Xhosa geprägt, aber auch durch seine Zugehörigkeit zum Königshaus der Thembu. Ab 1939 studierte er am University College von Fort Hare, der damals einzigen höheren Bildungsanstalt für Schwarze in Südafrika. Dort wurde er erstmals als Mitglied des Studentenrats politisch aktiv. Später nahm er in Johannesburg ein Jurastudium auf. Als Jurastudent trat er dem *African National Congress* (ANC) bei, der Befreiungsorganisation der schwarzen Mehrheit, und gründete dessen Jugendorganisation. Er musste miterleben, wie die weiße Minderheit die rassistische Apartheidspolitik durchsetzte, um die eigene Vorherrschaft zu sichern, wodurch sich die Lebensbedingungen, aber auch die Möglichkeiten der politischen Teilhabe für Farbige noch einmal drastisch verschlechterten. Mandela wurde wegen seiner Arbeit für den verbotenen ANC immer wieder verfolgt und unter Arrest gestellt, er arbeitete teilweise im Untergrund. Nach Jahren des friedlichen Kampfes gegen die Apartheid wurde Mandela 1961 Chef des bewaffneten Arms des ANC. Wegen eines Streikaufrufs und unerlaubten Verlassens des Landes wurde er 1962 zunächst zu fünf Jahren, später dann wegen Sabotage und Verschwörung zu lebenslanger Haft verurteilt. 18 Jahre davon verbrachte er auf der Gefängnisinsel Robben Island, wo er begann, an seiner Autobiografie zu arbeiten. Der lange Kampf der nicht weißen Mehrheit zeigte Ende der 1980er Jahre Wirkung: Das Apartheidsregime fand sein Ende. Der neu gewählte Staatspräsident Frederik Willem de Klerk traf sich mit Mandela und ließ ihn 1990 frei. Bis zur rechtlichen Gleichstellung der Farbigen vergingen noch einmal vier Jahre. Der ANC erhielt bei den ersten freien Wahlen 62,6 Prozent der Stimmen; bis heute stellt er die Regierung Südafrikas.

Warum man es kennen muss: Nelson Mandela, der erste schwarze Präsident Südafrikas, war der wohl bedeutendste Politiker des afrikanischen Kontinents und darüber hinaus einer der beeindruckendsten Politiker weltweit. 1993 wurde ihm zusammen mit dem ehemaligen südafrikanischen Präsidenten Frederik Willem de Klerk der Friedensnobelpreis verliehen. Nach dem Ende der Apartheid setzte sich Mandela zusammen mit anderen weltlichen und religiösen Kräften des Landes für eine Politik der historischen Aufarbeitung und Versöhnung ein. Der Traum von der »Regenbogennation«, in der Menschen unterschiedlicher Hautfarben friedlich zusammenleben, sollte Wirklichkeit werden – ein noch immer nicht erreichtes Ziel.

Vielen Menschen gilt Mandela als politisches und moralisches Vorbild, z. B. dem früheren US-Präsidenten Barack Obama, der anlässlich von Mandelas Tod sagte: »Ich kann mir mein eigenes Leben ohne sein Beispiel nicht vorstellen.« Nelson Mandelas fesselnd geschriebenes Buch ist nicht nur ein zeitgeschichtliches Dokument und die Erzählung eines bewegten und engagierten Lebens, sondern bringt uns auch unseren Nachbarkontinent Afrika näher, von dem man hierzulande viel zu wenig weiß.

Geschichte eines Deutschen
Die Erinnerungen 1914 –1933

Autor: Sebastian Haffner
Datierung: geschrieben 1939 im britischen Exil,
veröffentlicht 2000 / 2002
Fach: Geschichte
Thema: Entstehung des Nationalsozialismus

Darum geht es: Sebastian Haffner (1907 – 1999), der große
Publizist und Historiker, schildert in seiner *Geschichte eines
Deutschen* seine Kindheits- und Jugenderinnerungen: wie
er als Sechsjähriger den Ausbruch des Ersten Weltkriegs
nur als Störung seiner Ferien erlebt; wie seine Generation,
für die der Krieg vorwiegend ein »großes aufregend-begeis-
terndes Spiel« ist, anfälliger für den späteren Nazismus
wird als jene, die als Soldaten das Grauen an der Front
durchlitten haben. Wie er im Zuge der Revolution von
1918 mit seinen Mitschülern vermeintliche Spartakisten
auf dem Schulweg verprügelt und wie vielen Deutschen
im Inflationsjahr 1923 Gewissen und Moral abhandenkom-
men. Haffner beschreibt, wie sich wachsende Teile des
Bürgertums Hitler zuwenden und dem »Rausch des Bösen«
hingeben. Er beschreibt, wie 1933 – er ist Referendar am
Berliner Kammergericht – vor der nationalsozialistischen
»Machtergreifung« fast alle Gegenkräfte widerstandslos
kapitulieren und wie neben dem Terror gegen Linke und
Juden der Alltag scheinbar normal weiterläuft. Hellsichtig
sieht er den Massenmord an den Juden voraus.

Zum Schluss seines Buches beschreibt Sebastian Haffner, wie er und andere Rechtsreferendare in einem Schu-
lungslager durch »das Gift der Kameradschaft« in »brauch-
bares Material für die Nazis« verwandelt wurden. Haffner

wollte in diesem Deutschland nicht Jurist sein, arbeitete zunächst als Journalist und emigrierte 1938 nach Großbritannien.

Warum man es kennen muss: Besser als viele andere Bücher und Filme gibt die *Geschichte eines Deutschen* Antwort auf die ewig bohrende Frage, wie die Nazis an die Macht kommen und sich dort halten konnten. Das gelingt, weil der Autor die Ereignisse aus seiner persönlichen Sicht schildert, in die man sich leicht hineinversetzen kann. Die Stärke des damals ja noch sehr jungen Haffner ist es zudem, seine Erfahrungen und Beobachtungen mit treffenden Bildern und griffigen Pointen einzuordnen. Dass sein Buch so authentisch und dringlich wirkt, erklärt sich auch aus seiner Entstehungsgeschichte: Haffner schrieb es 1939, veröffentlichte es aber nicht, weil es ihm zu persönlich erschien. Erst nach seinem Tod 1999 wurde das Manuskript gefunden und im Jahr 2000 veröffentlicht; im Jahr 2002 tauchten dann noch weitere Teile auf.

Was ist koscher?
Jüdischer Glaube, jüdisches Leben

Autor: Paul Spiegel
Datierung: 2003
Fach: Religion
Thema: Judentum

Darum geht es: Paul Spiegel, bei Erscheinen von *Was ist koscher?* Präsident des Zentralrats der Juden in Deutschland, erklärt, angespornt durch Fragen, die ihm immer wieder gestellt wurden, den jüdischen Glauben und das jüdische Leben für interessierte Nichtjuden. Er beginnt mit der Antwort auf die Frage, wer überhaupt Jude ist, und stellt die unterschiedlichen Strömungen des Judentums vor. Er erklärt, warum jüdische Jungs beschnitten werden, erläutert die Kleidungsvorschriften und -gebräuche und geht der Frage nach, ob die Synagoge eine jüdische Kirche ist. Man erfährt, warum den Juden Israel so wichtig ist und warum es auf der ganzen Welt Menschen jüdischen Glaubens gibt. Auf die Frage, wie ein Jude aussieht, stellt er klar, dass sie keine Rasse sind, sondern sich als Volk begreifen, es folglich keine gemeinsamen äußerlichen Charakteristika gibt. Der Leser erfährt, was koscher bedeutet und ob Mazze jüdisches Knäckebrot ist. Spiegel stellt den jüdischen Kalender und die jüdischen Festtage vor und erklärt, warum sie das Lichterfest Chanukkah feiern, warum das jüdische Neujahr im September oder Oktober liegt und warum Juden am Schabbat nicht arbeiten dürfen. Weiter erklärt Spiegel, was es mit Sukkot, dem Laubhüttenfest, auf sich hat und mit dem heiteren und sehr nahrhaften Purim-Fest.

Spiegel geht keiner Frage aus dem Weg: Er stellt klar, was damit gemeint ist, dass die Juden das »auserwählte

Volk« seien; und er verneint die Frage, ob man die Juden mögen müsse: Man muss nicht, weil es kein gemeinsames Charakteristikum gibt, das einen Juden ausmacht. Er erläutert, was Antisemitismus ist, und gibt schließlich Antwort auf die Frage, die ihm auch von ausländischen Juden immer wieder gestellt wurde: wie man als Jude in Deutschland leben kann.

Warum man es kennen muss: Wer hierzulande eine ordentliche Erziehung und einen vernünftigen Unterricht absolviert hat, der weiß um das beispiellose Verbrechen der Deutschen am jüdischen Volk. Doch es ist falsch, die ganze jüdische Geschichte und die Wahrnehmung jüdischen Lebens nur darauf hinauslaufen zu lassen. Man weiß um die Juden als Opfer des Holocausts, aber nur wenige kennen sich mit dem jüdischen Glauben, dem Alltag und den Festen der Juden aus, obwohl die jüdischen Gemeinden in Deutschland rund 100 000 Mitglieder haben. Für ein vorurteilsfreies Miteinander ist das aber unerlässlich, und Paul Spiegels Buch bildet hierfür den idealen Einstieg. Gleichzeitig räumt der 1937 in Westfalen geborene Spiegel, der die Zeit des Nationalsozialismus versteckt in Flandern überlebte, mit einigen antisemitischen Vorurteilen auf.

 Geschichte des Islam

Autorin: Gudrun Krämer
Datierung: 2005
Fach: Religion/Geschichte
Thema: Islam

Darum geht es: Die Islamwissenschaftlerin Gudrun Krämer gibt einen umfassenden Überblick über die islamische Geschichte von ihren Anfängen bis zur Gegenwart. Sie berichtet von Muhammad, der muslimischen Quellen zufolge im Jahr 570 in Mekka geboren wurde und sich nach einer Vision, die er im Alter von etwa vierzig Jahren erfuhr, zum Gesandten Gottes erklärte. In einer Oasensiedlung, dem späteren Medina, wohin er mit seinen Anhängern übersiedelte, entstand dann eine erste wehrhafte muslimische Gemeinschaft. Muhammad begriff seine Mission als Erneuerung der abrahamitischen Religion und als Überwindung von Juden- und Christentum. Sein Einfluss weitete sich bis zu seinem Tod auf große Teile der arabischen Halbinsel aus.

Krämer schildert die weitere Expansion (etwa nach Syrien, Ägypten, Nordafrika, Spanien, später nach Indien und Südostasien), den Streit um die Nachfolge Muhammads und die Spaltung in Sunniten und Schiiten. Sie beschreibt das sogenannte Goldene Zeitalter des Islam unter den Abbasiden-Herrschern (750–1258) als eine Zeit militärischer Stärke, kultureller Blüte (aus dieser Epoche stammen auch die *Märchen aus Tausendundeiner Nacht*) und bedeutender Leistungen in den Wissenschaften. Der Mongolensturm ist Thema, der das Kalifat der Abbasiden beendet, selbstverständlich das Osmanische Reich, das rund 500 Jahre lang einen Großteil der islamischen Welt beherrschte, aber auch das muslimische Indien. Sie schildert Reformbemühungen innerhalb des Islam, die autoritäre Modernisierung in der Türkei und die Neuordnung des Nahen Ostens nach dem Ersten Weltkrieg sowie die Folgen der Unabhängigkeit vieler islamischer Staaten nach dem Zweiten Weltkrieg. Schließlich beschäftigt Krämer sich mit der Rolle des politischen Islam gegen Ende des 20. Jahrhunderts.

Warum man es kennen muss: Von Talkshows bis zu Stammtischen wird landauf, landab über den Islam gesprochen – und nicht immer verfügen die, die sich eine Meinung anmaßen, über ein solides Wissensfundament. Doch in Deutschland leben rund viereinhalb Millionen Mitmenschen muslimischen Glaubens. Zudem liegen große muslimisch geprägte Staaten direkt vor der Haustür Europas. Viele davon sind durch Kriege oder Bürgerkriege erschüttert oder entwickeln sich, wie die Türkei, zu autokratischen Staaten. Wir müssen also zumindest ein Grundverständnis des Islam entwickeln, um die Integration in Deutschland zu fördern und um zum Frieden in der muslimischen Welt, auch in unserem eigenen Interesse, beitragen zu können. Gudrun Krämer schreibt mit wissenschaftlichem Kenntnisreichtum, zugleich aber verständlich und, was bei diesem Thema selten ist, wohltuend sachlich über den Islam.

Das Leben der Anderen

Drehbuch und Regie: Florian Henckel von Donnersmarck
Datierung: 2006
Fach: Geschichte / Kunst
Thema: DDR / Gegenwartsfilm

Darum geht es: Der Film erzählt die Geschichte des Stasi-Hauptmanns Gerd Wiesler, der 1984 in Ostberlin den Auftrag bekommt, belastendes Material gegen den Schriftsteller Georg Dreymann zu sammeln. Was er nicht weiß: Dahinter steckt der Plan des Kulturministers Bruno Hempf, Dreymann auszuschalten, um dessen Lebensgefährtin, die Schauspielerin Christa-Maria Sieland, für sich zu gewinnen. Wiesler versteckt Mikrofone in der Wohnung des Paares und richtet auf dem Dachboden des Hauses eine Abhörstation ein. Durch die Bespitzelung gewinnt Wiesler Einblick in die ihm unbekannte Welt freigeistiger Künstler. Er bekommt mit, wie sich Dreymann erfolglos bei Hempf für einen befreundeten Regisseur einsetzt, der seit Jahren Berufsverbot hat. Der Freund nimmt sich das Leben, und Wiesler beginnt, über das System und seine Rolle darin nachzudenken. Er hilft Dreymann, indem er belanglose Berichte über ihn schreibt, und er bewegt Sieland, die sich unter Druck mit dem Minister eingelassen hat, zu Dreymann zurückzukehren. Nachdem in einem westdeutschen Nachrichtenmagazin ein von Dreymann auf einer eingeschmuggelten Schreibmaschine geschriebener systemkritischer Artikel erscheint, wird Sieland von der Stasi verhört, lässt sich als IM (Informelle Mitarbeiterin) anwerben, verrät Dreymann. Sie kann jedoch mit dieser Last nicht leben und begeht Selbstmord. Wiesler sorgt dafür, dass die Schreibmaschine nicht gefunden wird. Sein Vorgesetzter ist sich sicher, dass Wiesler Dreymann geschützt hat, kann es aber nicht beweisen und versetzt ihn auf einen Abschiebeposten. Erst nach der Wiedervereinigung erfährt Dreymann, dass er von der Stasi überwacht wurde. In seinen Stasi-Unterlagen liest er, dass ihn ein Stasi-Mitarbeiter gedeckt hat. Er macht Wiesler ausfindig, nimmt aber keinen Kontakt zu ihm auf. Später schreibt er einen Roman, den er in verschlüsselter Form Wiesler widmet.

Warum man es kennen muss: Fast zwanzig Jahre nach dem Mauerfall zeichnet der Oscar-prämierte Film ein realistisches Sittenbild der DDR und geht dahin, wo es wehtut: in den Alltag der Totalüberwachung mit ihren grausamen Folgen. Vielleicht brauchte es die Perspektive des westdeutsch sozialisierten Florian Henckel von Donnersmarck, um nach Komödien wie *Good bye, Lenin* einen ernsten Blick auf ein Thema zu werfen, das allen Ernst verdient hat: die Deformation des Menschen in totalitären Systemen. Die Geschichte, die er erzählt, hätte sich in der Form gar nicht ereignen können. Aber sie weckt ein Bewusstsein dafür, dass an die DDR als ein System erinnert werden muss, in dem Grundrechte wie der Schutz der Privatsphäre und das Recht auf freie Meinungsäußerung nichts galten.

 Wir neuen Deutschen

Autorinnen: Özlem Topçu / Alice Bota / Khuê Pham
Datierung: 2012
Fach: Geschichte / Sozialkunde
Thema: Migration

Darum geht es: Die drei ZEIT-Redakteurinnen, geboren um 1980, stammen aus Einwandererfamilien: Özlem Topçus Eltern kommen aus der Türkei, Alice Botas aus Polen und Khuê Phams aus Vietnam. In ihrem Buch beschreiben sie ihr Lebensgefühl, das sie mit vielen Migrantinnen und Migranten ihrer Generation teilen, ihre gemischten – sie schreiben »hybriden« – Identitäten. Einerseits sind sie als erfolgreiche Journalistinnen angekommen, arbeiten, wie sie schreiben, an einem der »deutschesten Orte der Republik«. Andererseits sind sie wütend darüber, von vielen nicht als selbstverständlicher Teil dieses Landes wahrgenommen zu werden. Sie beschreiben ihre Unsicherheit darüber, ob sie von »unserem« oder von »eurem« Deutschland reden sollten, über ihr Gefühl von Heimatlosigkeit und Entfremdung. Sie berichten davon, wie sie bei Besuchen in der Heimat ihrer Eltern Wärme und ein Gefühl der Zugehörigkeit spüren, sich andererseits dort aber doch sehr deutsch fühlen. Man bekommt eine Ahnung davon, was es bedeutet, wenn Macht- und Kenntnisverhältnisse sich umzukehren scheinen, weil etwa nicht die Eltern den Kindern, sondern die Kinder den Eltern den Weg weisen müssen, weil sie sich besser auskennen. Die Autorinnen stellen sich und dem Leser auch die Frage, ob die Feindschaft gegenüber Migranten, die sie selber erlebt haben, zunehmen wird, wenn ihre Zahl wächst, oder ob sich das Verhältnis entspannt, weil man sich aneinander gewöhnt.

Warum man es kennen muss: Rund jeder Fünfte in Deutschland hat einen Migrationshintergrund, weil mindestens ein Elternteil aus dem Ausland stammt. Und dieser Anteil wird wachsen. Um unser Land als erfolgreiches Einwanderungsland zu gestalten, muss man wissen, was die Zuwanderer und ihre Familien bewegt. Das beschreiben die drei Autorinnen mit vielen Beispielen, in klarer Sprache – auch fordernd – und streckenweise sehr bewegend. Weil ihre Eltern aus unterschiedlichen Ländern stammen und weil sie ihren Platz in Deutschland gefunden haben, gelingt ihnen das besonders überzeugend.

 ## Der Reibert. Das Handbuch für den deutschen Soldaten

Herausgeber: Wilhelm Bocklet
Datierung: zuerst 1929, neueste Ausgabe 2017
Fach: Politik / Sozialkunde
Thema: Bundeswehr

Darum geht es: Im *Reibert,* benannt nach dem Offizier und Juristen Wilhelm Reibert, findet der deutsche Soldat das komplette Grundwissen für seinen Beruf. Das Handbuch orientiert sich an den Zentralen Dienstvorschriften (ZDVen) der Bundeswehr. Zunächst werden dem Soldaten der Auftrag der Bundeswehr und seine rechtlichen, politischen, historischen und ethischen Grundlagen erläutert. Das Verhältnis von Vorgesetzten zu Untergebenen wird erklärt (»Wer Menschenwürde verteidigt, muss Menschen würdig behandeln«), der Soldat wird über seine Rechte aufgeklärt und über militärische Umgangsformen belehrt. Dann werden die Grundlagen der Sicherheitspolitik dargestellt und die Gliederung der Bundeswehr in Teilstreitkräfte.

Diesem eher theoretischen Stoff folgt eine Einführung ins soldatische Handwerk: vom Formaldienst (»In der Grundstellung steht der Soldat still«) über die Ausbildung an Gewehren, Handgranaten (»Sofort nach dem Entsichern ist die HGr auf das Ziel zu werfen«) und Panzerfäusten. Das »Zurechtfinden im Gelände« wird ebenso erklärt wie das »Leben im Felde« und das »Verhalten unter Feuer«. Auch das »Verhalten bei und nach dem Einsatz von ABC-Kampfmitteln« ist Thema. Im Anhang finden sich die Dienstgradabzeichen der Bundeswehr und verbündeter Streitkräfte.

Warum man es kennen muss: Der Name für dieses Handbuch ist geblieben, über fast ein Jahrhundert hinweg (Wilhelm Reibert diente schon in der kaiserlichen Armee, dann in der Reichswehr und war während des Nationalsozialismus dem Oberkommando des Heeres zugeordnet) – aber die Haltung hinter den hier versammelten dienstlichen Anweisungen und Regeln hat sich fundamental geändert. Vor allem seit dem Wegfall der Wehrpflicht ist die Bundeswehr im Alltag vieler Bürger nicht mehr präsent, obwohl sie im Vergleich zu früheren Jahrzehnten eine Armee im Einsatz ist. Die derzeit rund 180 000 Männer und Frauen unter Waffen können aber einer Gesellschaft nicht egal sein: Sie schützen uns vor möglichen Angriffen, sind ein handfester Machtfaktor, und viele Soldaten sind unter Lebensgefahr im Auftrag unseres Staates im Auslandseinsatz. Und wir alle tragen eine Verantwortung für sie. Zumindest einen kleinen Einblick in Auftrag, Selbstverständnis und Ausbildung der Soldaten sollte jeder nehmen.

Alles ist Zahl:
Der mathematisch-naturwissenschaftliche Weltzugang

Vom Einmaleins zum Integral

Autor: Egmont Colerus
Datierung: Erstveröffentlichung 1934
Fach: Mathematik
Themen: Zahlensysteme, Algebra, Analysis, Geometrie

Darum geht es: Egmont Colerus, eigentlich Jurist und Romanautor, beschreibt für den mathematisch nicht vorgebildeten Leser grundlegende Konzepte der Mathematik in einem Dialog mit einem imaginären Widersacher. Er möchte, wie er im Vorwort schreibt, seine Mathematikkenntnisse weitergeben, bevor er in der »Mausefalle« des Fachs sitzt und sie Außenstehenden nicht mehr vermitteln kann. Ganz grundlegend beginnt er mit dem uns so vertrauten Zehnersystem und stellt andere Ziffernsysteme vor (unter anderem Leibniz' »merkwürdiges«, so nennt es Colerus, Zweiersystem, das später dem Computer die Bahn ebnet) und führt en passant den heute allgegenwärtigen Begriff des Algorithmus ein. Behutsam macht er den Leser mit der Algebra vertraut, erklärt etwa sehr anschaulich das Lösen von Gleichungen mit Unbekannten. Er stellt die irrationalen und die imaginären Zahlen vor, erläutert den Satz des Pythagoras und die Quadratur des Kreises, veranschaulicht die Differenzial- und die Integralrechnung, die Begriffe des Logarithmus und der Interpolation. Zum Schluss spornt er den Leser damit an, dass »die Erkenntnis des Nichtwissens« der einzige Antrieb sei, »den Mangel durch Arbeit auszumerzen«.

Warum man es kennen muss: Wie der Wiener Schriftsteller Colerus (1888–1939) den Leser im Plauderton in die Tiefen der Mathematik entführt, ist bis heute beispiellos.

Er schreckt nicht davor zurück, komplizierte Formeln und Zeichnungen zu präsentieren, aber er führt sie mit einer Leichtigkeit ein, die auch den mathematischen Laien mitnimmt. Die vier Grundrechenarten allein genügen nicht; die grundlegenden mathematischen Konzepte zu beherrschen, gehört zur Allgemeinbildung. Ohne sie findet man keinen Zugang zu wichtigen Natur- und Sozialwissenschaften, fehlt einem das Wissen, um das Weltgeschehen, wirtschaftliche Zusammenhänge oder technische Entwicklungen richtig beurteilen zu können. Mathematisches Grundwissen braucht also jeder mündige Bürger. Und Colerus' *Vom Einmaleins zum Integral* zeigt, dass es gar nicht so schwer zu erwerben ist.

 ## Die Evolution der Physik

Originaltitel: The Evolution of Physics: The Growth of Ideas from Early Concepts to Relativity and Quanta
Autoren: Albert Einstein / Leopold Infeld
Datierung: 1938 (Originalausgabe),
1950 (deutsche Ausgabe, Wien)
Fach: Physik
Thema: Relativitätstheorie

Darum geht es: Das Physikgenie Albert Einstein (1879 – 1955) höchstpersönlich erklärt in diesem Buch, zusammen mit seinem Mitarbeiter Leopold Infeld, seine bahnbrechende Relativitätstheorie. Nicht etwa mit unverständlichen Formeln, sondern indem sie die dahinterliegende Idee erklären. Zunächst erläutern sie die Entwicklung der mechanistischen Physik Galileis und Newtons, die das Prinzip der Intuition durch das der wissenschaftlichen Beweisführung abgelöst hat. Sie erklären grundlegende Begriffe, wie Kraft, Trägheit oder Beschleunigung von Körpern, befassen sich mit Wärme als Spielart der Energie, werfen aber auch einen Blick auf den Zusammenhang zwischen wissenschaftlichem Fortschritt und Philosophie. Sodann beschreiben sie die Krise der herkömmlichen Physik, die Phänomene wie das Licht nicht mehr schlüssig erklären konnte. Einstein und Infeld erklären dann die Feldtheorie, auf der Einsteins spezielle (1905) und die allgemeine (1915) Relativitätstheorie aufbauen. Sie befassen sich mit der Lichtgeschwindigkeit, den mechanischen Gesetzen, die Einstein für bewegte Körper entwickelt hat, und dem neu entdeckten Zusammenhang zwischen Masse und Energie (komprimiert in der berühmten Formel $E = mc^2$). Auch der Quantentheorie widmen sie ein Kapitel und schließen mit Gedanken über den konstruktivistischen Charakter der Physik.

Warum man es kennen muss: Auch wer quasi nichts über Physik weiß, kennt den Namen Albert Einstein. Seine Relativitätstheorie revolutionierte zusammen mit der von Max Planck entwickelten Quantenhypothese Anfang des 20. Jahrhunderts unser physikalisches Weltbild. Bis heute haben viele Nichtnaturwissenschaftler ihre liebe Müh' damit, sie zu verstehen, und auch das Buch von Einstein und Infeld ist keine leichte Kost. Aber man kann es auch ohne physikalische und philosophische Vorkenntnisse mit Gewinn lesen. Die Relativitätstheorie von Einstein selbst erklärt zu bekommen, das ist ein besonderes Erlebnis. Wer die Theorie in ihrer Tiefe verstehen will, wird ohne recht komplizierte Mathematik nicht auskommen. Wer aber Einsteins Grundgedanken begreifen möchte, hat hier eine ausgezeichnete Möglichkeit dazu und bekommt zugleich noch eine Einführung in die Grundlagen der Physik. Dass Einstein nicht nur ein brillanter Physiker war und ein entschiedener Pazifist, sondern auch ein hilfsbereiter Mensch, zeigt die Entstehungsgeschichte des Buches: Da er seinem Mitarbeiter Leopold Infeld keine dauerhafte Stelle an seinem Universitätsinstitut in Princeton verschaffen konnte und dieser in Geldverlegenheiten steckte, willigte er ein, das Buch gemeinsam mit Infeld zu schreiben: ein Gewinn für Infeld – und für die heutigen Leser.

 Die Wüste lebt

Originaltitel: The Living Desert
Regie: James Algar
Drehbuch: W. Hibler / J. Algar / Ted Sears
Datierung: 1953 (deutsche Fassung 1954)
Fach: Biologie / Geografie
Themen: Leben in der Wüste

Darum geht es: Östlich des Hochgebirges Sierra Nevada an der amerikanischen Westküste erstrecken sich große Wüstengebiete. Sie sind entstanden, weil sich die Wolken, die mit dem Westwind vom Pazifik kommen, am längsten und höchsten Gebirgszug der USA abregnen. Der Film zeigt die Schönheiten dieser Gegend: bizarre Felsen, optische Täuschungen, die Seen vermuten lassen, versteinerte Bäume und kahle Hügel. Doch was auf den ersten Blick wie ausgestorben wirkt, birgt reichhaltiges Leben: Vögel, die sich in stacheligen Kakteen ihre Nester bauen; Taranteln, die Käfer fressen und erfolgreich mit Schlangen kämpfen, um ihrerseits von Wespen überwältigt zu werden; Landschildkröten, die Laub fressen und sich damit unter ihrem Panzer einen Wasservorrat anlegen; Echsen, die aussehen wie kleine Dinosaurier. Gezeigt wird der Paarungstanz der Skorpione, wie sich eine Maus durch Sandwerfen einer Schlange erwehrt und wie ein Bussard nach einem längeren Kampf eine Schlange tötet. Wenn es in dieser Landschaft regnet, dann wolkenbruchartig. Das Wasser versickert im Boden, und über Nacht wird aus der Wüste ein blühender Garten: Mohn und Schlüsselblumen gedeihen, die Kakteen schmücken sich mit bunten Blüten. Dann verwelken sie wieder, und das Spiel beginnt von vorn.

Warum man es kennen muss: *Die Wüste lebt* ist die Mutter aller modernen Naturfilme. Es war der erste lange Dokumentarfilm der Walt-Disney-Studios, viele folgten. Mit witzigen Kommentaren und dramatischen Musikeffekten untermalt, geht er über eine reine Tierdokumentation hinaus. Der Film war ein Welterfolg und wurde auch in Deutschland begeistert aufgenommen. 1954 wurde *Die Wüste lebt* mit dem Oscar für den besten Dokumentarfilm ausgezeichnet; seit 2000 ist er im National Film Registry enthalten, das besonders erhaltenswerte US-amerikanische Filme verzeichnet. Der Kommentar ist vielleicht etwas altbacken und vermenschlicht die Tiere (»Der Vogel macht sich einen Riesenspaß daraus, aus einer großen Schlange eine kleine zu machen«). Insofern ist er auch ein Zeitdokument. Die filmische Qualität der Naturaufnahmen war wegbereitend, und die Kraft der Anschauung ist noch immer überwältigend.

 **Die Physiker**

Autor: Friedrich Dürrenmatt
Datierung: 1962 (Uraufführung)
Fach: Physik / Naturwissenschaften
Thema: Die Verantwortung des Wissenschaftlers

Darum geht es: Drei Physiker leben als Wahnsinnige getarnt in einer psychiatrischen Klinik. Einer von ihnen, Möbius, hat eine Formel gefunden, mit der die Menschheit vernichtet werden kann, wenn sie in falsche Hände gerät. Um das zu verhindern, ist er in die Geisteskrankheit geflüchtet, um seine Entdeckung zu verheimlichen. Er sieht den Wissenschaftler in der Verantwortung für seine Erkenntnisse und meint, sie notfalls geheim halten zu müssen, um die Menschheit vor den Folgen zu schützen. Die beiden anderen vorgeblich verrückten Physiker sind Geheimagenten verfeindeter Mächte, die sich in die Klinik begeben haben, um an Möbius' Formel zu gelangen. Der eine, der sich angeblich für Newton hält, meint, Wissen sei Allgemeingut und der Forscher trüge keine Verantwortung dafür, wie die Menschheit mit seinen Erkenntnissen umgehe. Der andere, der sich als Einstein ausgibt, vertritt den Standpunkt, Wissen sei Macht und die Forscher hätten der Politik zu dienen. Alle drei ermorden ihre Krankenschwestern, um nicht um ihre Geheimnisse gebracht zu werden. Weil deshalb die Polizei ermittelt, vernichtet Möbius die Aufzeichnungen zu seiner Formel. Zudem überzeugt er die anderen beiden davon, dass es besser für die Welt sei, sein Wissen zu verschweigen, um die Menschheit vor ihrer Vernichtung zu schützen. Doch dieser Pakt nützt nichts mehr. Denn ausgerechnet die Klinikchefin erweist sich als eine wirklich Verrückte, die »im Auftrag König Salomons« die

Welt unter ihre Kontrolle bringen will. Zu diesem Zweck hat sie Möbius' Unterlagen in Besitz genommen. Die Forscher können nicht mehr verhindern, dass das Schicksal seinen Lauf nimmt, und verlieren darüber nun wirklich den Verstand.

Warum man es kennen muss: Wie in einem Brennglas sammeln sich in dieser Tragikomödie des Schweizer Dramatikers Friedrich Dürrenmatt (1921–1990) die moralischen Probleme des Umgangs mit (natur)wissenschaftlichen Erkenntnissen. Die Fragen, die Dürrenmatts Drama stellt, betreffen nicht nur die Wissenschaftler selbst, auch die Gesellschaft muss dazu Position beziehen. Und sie sind heute so aktuell wie damals, mitten im Kalten Krieg: Soll der Mensch wirklich alles erforschen? Darf man wissenschaftliche Erkenntnisse zurückhalten? Welche Verantwortung trägt der Forscher für seine Erkenntnisse?

Nach Dürrenmatts Dramatheorie nimmt jedes Stück die schlimmstmögliche Wendung, und so stimmt auch der überraschende Schluss der Groteske nachdenklich: Wie ist es in der realen Welt, wenn der Geist einmal aus der Flasche ist?

 Die Doppel-Helix

Originaltitel: The Double Helix
Autor: James D. Watson
Datierung: 1968 (Originalausgabe),
  1969 (deutsche Ausgabe)
Fach: Biologie
Thema: Molekulargenetik

Darum geht es: Der Biochemiker James D. Watson (*1928) beschreibt in *Die Doppel-Helix* den beispiellosen wissenschaftlichen Wettlauf darum, wer als Erster die Struktur der DNS (Desoxyribonukleinsäure) entdeckt und damit imstande ist, den Aufbau der Gene zu erklären – also den Schlüssel des Lebens zu finden. Watson gewinnt ihn schließlich als 25-Jähriger, gemeinsam mit seinem Kollegen, dem Physiker Francis Crick (1916–2004). Watson schildert seine Sicht dieser »Abenteuer«, wie er es selbst nennt, ungeschminkt, lebendig und mit sehr eigenem, lakonischem Humor. So schreibt er gleich zu Anfang: »Ich habe Francis Crick nie bescheiden gesehen. Mag sein, dass er es in Gesellschaft anderer Leute ist – ich jedenfalls hatte nie Gelegenheit, diese Eigenschaft an ihm festzustellen.« Nach seiner Promotion in den USA geht der aus Chicago stammende James D. Watson an die Universität Cambridge in England, wo er auf Crick trifft. Der ist mit seiner Doktorarbeit noch nicht fertig, produziert aber immerzu neue Ideen. Die beiden teilen sich ein Büro und versuchen sich an der Konstruktion von DNS-Modellen. Zwischenzeitlich befürchten sie, dass ihr Konkurrent Linus Pauling, der Altmeister der Biochemie, in Amerika ihnen zuvorkommt, doch dessen Modell erweist sich als fehlerhaft. Aufbauend auf Arbeiten von Rosalind Franklin und Maurice Wilkens (die ebenfalls kurz vorm Durchbruch stehen), und nach vielen Überlegungen, Hypothesen und Zufällen entdecken sie schließlich die berühmte Doppelhelix-Struktur der DNS. 1953 veröffentlichen sie ihre Entdeckung in der bedeutenden wissenschaftlichen Fachzeitschrift Nature – und melden damit nach naturwissenschaftlichen Gepflogenheiten ihren Erstanspruch an.

Warum man es kennen muss: Die Entdeckung der DNS-Struktur ist eine der bedeutendsten wissenschaftlichen Leistungen des 20. Jahrhunderts. Genforschung und die daraus sich ableitende Gentechnik sind seitdem einer der dynamischsten Wissenschaftszweige. Watson, Crick und Wilkens (Rosalind Franklin war bereits verstorben) erhielten für ihre Arbeit 1962 den Nobelpreis für Medizin. Watson war auch Mitinitiator des *Human Genome Project*, mit dem das menschliche Genom entschlüsselt wurde.

Das wissenschaftliche Jahrhundertereignis der Entdeckung der Doppelhelix aus der Sicht eines Beteiligten geschildert zu bekommen, ist spannend und erhellend, und weil Watson Humor hat, auch ausgesprochen unterhaltsam. *Die Doppel-Helix* wurde ein internationaler Bestseller und ist auch in Deutschland in etlichen Auflagen erschienen. Wegen umstrittener Äußerungen nach seiner Emeritierung wurde Watson Rassismus, Sexismus und Homophobie vorgeworfen.

Der Teil und das Ganze
Gespräche im Umkreis der Atomphysik

Autor: Werner Heisenberg
Datierung: 1969
Fach: Physik / Philosophie
Themen: Geschichte der Physik

Darum geht es: Der deutsche Physiker Werner Heisenberg (1901 – 1976) schildert in *Der Teil und das Ganze* eine bedeutende Epoche der Physik: den Siegeszug der Atomphysik. Er wählt dazu eine sehr eigene Form, die Wiedergabe in erinnerten Gesprächen und Unterhaltungen.

Heisenberg ist ein Begründer der Quantenmechanik, die zur Berechnung physikalischer Eigenschaften von Materie im Größenbereich der Atome und noch kleinerer Elementarteilchen fundamental ist. Er hat die nach ihm benannte Unschärferelation formuliert, nach der in der Quantenphysik zum Beispiel Ort und Impuls eines Teilchens nicht – wie in der klassischen Physik – gleichzeitig genau bestimmbar sind, sondern sich im strengen Sinne zufällig (also ohne irgendwie erkennbare Kausalität) verhalten. 1932 wurde er mit dem Physiknobelpreis ausgezeichnet.

Werner Heisenberg hat an der vordersten Front der Wissenschaft geforscht und musste gleichzeitig in bewegten politischen Zeiten Haltung zeigen. 1924/25 arbeitete er am Institut des dänischen Atomphysikers Niels Bohr, wurde 1927, im Alter von erst 25 Jahren, Professor in Leipzig. 1942 bis 1945 leitete er das Kaiser-Wilhelm-Institut für Physik in Berlin und war führend am sogenannten Uranprojekt des Heereswaffenamtes beteiligt, was ihm später Vorwürfe eintrug. Andererseits wurde ihm in der Zeit des

Nationalsozialismus vorgeworfen, die Quantentheorie sei »jüdisch unterwandert«. Nach dem Krieg war er zusammen mit anderen Forschern des Uranprojekts in England interniert, weil sich die Westalliierten für den Stand der deutschen Kernphysikforschung interessierten.

Von 1946 bis 1970 war Heisenberg Direktor der Max-Planck-Institute für Physik, erst in Göttingen, dann in München. Er setzte sich für die Kernforschung und den Bau von Atomreaktoren ein, wandte sich aber gegen die geplante atomare Bewaffnung der Bundeswehr.

Warum man es kennen muss: Durch *Der Teil und das Ganze* wird der Leser Zeuge der Revolution einer Wissenschaft aus der Feder und Perspektive eines Beteiligten. Man erfährt, wie Albert Einstein, Max Planck, Niels Bohr, Heisenberg selber und andere große Physiker dieser Epochenwende forschten und fieberten, wie sie sich stritten, welche Bedeutung sie der Philosophie beimaßen und wie sie sich den großen politischen Fragen ihrer Zeit stellten. Durch die Gesprächsform kann man den oft hochabstrakten Wegen der Atomphysik auch ohne vertiefte Vorkenntnisse gut folgen.

Zeit des Erwachens

Originaltitel: Awakenings
Autor: Oliver Sacks
Datierung: 1973 (Originalausgabe), 1989 (deutsche
Übersetzung zunächst unter dem Titel *Bewusstseins-
dämmerungen*)
Fach: Biologie
Thema: Medizin

Darum geht es: Der Neurologe Oliver Sacks berichtet in
Zeit des Erwachens darüber, wie er in den 1960er Jahren in
einem New Yorker Krankenhaus die Europäische Schlaf-
krankheit erforschte. Sie grassierte zwischen 1916 und
1927 als weltweite Epidemie; etwa fünf Millionen Menschen starben daran, unzählige überlebten mit schwers-
ten Beeinträchtigungen. Sacks' Patienten, die schon seit
Jahrzehnten an der Krankheit litten, galten als unheilbar.
Sacks gewinnt die Überzeugung, dass er die wie bewusst-
los wirkenden und apathisch dahinvegetierenden Patienten wiedererwecken könnte. Er baut dabei auf das neu
entdeckte Medikament L-Dopa, das zur Behandlung von
Parkinson-Patienten eingesetzt wird. Seine Hoffnung ist,
dass die Schlafkrankheitspatienten dadurch in ein norma-
les Leben zurückkehren könnten.

Der erste Patient, bei dem das Mittel ausprobiert wird,
befindet sich schon seit dreißig Jahren im Koma. Er erlangt
tatsächlich das Bewusstsein wieder, erholt sich und verliebt
sich sogar. Sacks berichtet beglückt in angesehenen Ärzte-
zeitschriften darüber. Auch die anderen Patienten werden
nun behandelt und erwachen aus ihrer Erstarrung. Nach
und nach kommt es aber zu schweren Nebenwirkungen
wie fieberhafter Unruhe, Verwirrtheit und Verfolgungs-

ängsten. Die Behandlung muss abgebrochen werden. Schließlich fallen die Patienten wieder ins Koma zurück. Sacks reflektiert schließlich darüber, inwieweit die Medizin über die naturwissenschaftliche Betrachtungsweise hinaus Patienten stärker ganzheitlich betrachten solle.

Warum man es kennen muss: Oliver Sacks' Schilderung gibt einen beispielhaften und sehr lehrreichen Einblick in die Welt der Medizin. Das Leid der Patienten und die Belastung der sie betreuenden Pflegekräfte und Ärzte, die Hoffnung auf Heilung durch wirksame Medikamente, die tatsächliche Kraft dieser Medikamente und der Rückschlag durch die massiven Nebenwirkungen – diese Mischung aus der Anwendung naturwissenschaftlich fundierter Methoden, ärztlichem Erfahrungswissen und der Achterbahn der Gefühle gehört auch heute noch zur Heilkunst. Das Buch beleuchtet das großartig, der gleichnamige Film rutscht leider zu sehr ins Melodram ab.

Das periodische System

Originaltitel: Il sistema periodico
Autor: Primo Levi
Datierung: 1975 (Originalausgabe),
    1979 (deutsche Ausgabe)
Fach: Chemie
Thema: Chemische Elemente

Darum geht es: Das Buch versammelt 21 Kurzgeschichten des italienischen Autors und Chemikers Primo Levi (1919–1987), die meisten davon mit einem direkten Bezug zu seinem Leben. Die Kapitel sind jeweils nach einem chemischen Element benannt, das zum Inhalt der Geschichte passt. In »Argon« beschreibt Levi seinen jüdisch-piemontesischen Hintergrund. So wie das Edelgas Argon, das keine chemischen Reaktionen eingeht, leben Levis jüdische Vorfahren zurückgezogen und ohne viel Kontakt zur christlichen Umgebung. Explosiv wie »Wasserstoff« sind Levis chemische Experimente, die er als Jugendlicher betreibt, genau wie seine idealistischen Träume. In »Eisen« findet Levi einen Studienfreund und Bruder im Geiste. Sie stählen sich gemeinsam körperlich wie intellektuell für den Kampf gegen den vorherrschenden Faschismus. Aus Abraum soll er das kriegswichtige und teure »Nickel« gewinnen. Daran scheitert er, wobei er sich damit tröstet, dass er so das herrschende System und den Krieg nicht unterstützt hat. In »Gold« schildert Levi, wie er sich 1943 den antifaschistischen Partisanen anschließt und gefangen genommen wird. Seine Haft im Vernichtungslager Auschwitz ist Thema in »Cer« (ein Metall aus der Gruppe der Seltenen Erden). Eine Cer-Legierung kann er gegen Brot tauschen. »Kohlenstoff« ist für ihn die Metapher für Ewigkeit und Vergänglichkeit. Levi erzählt die Geschichte eines Kohlenstoffatoms, das ursprünglich in Kalkstein gebunden war, dann durch verschiedene Lebewesen gewandert ist und just im Gehirn des Autors ankommt, als er den letzten Punkt in seinem Buch setzt.

Warum man es kennen muss: Mit einer Publikumsabstimmung wählte die Wissenschaftsorganisation *Royal Institution of Great Britain* Levis Werk zum besten populären Wissenschaftsbuch aller Zeiten. Als Leser wird man nicht nur Zeuge einer dramatischen Lebensgeschichte, sondern lernt en passant viel über chemische Elemente, die Bausteine des Lebens – und über den Blick eines Chemikers auf die Welt. Fast dreißig Jahre zuvor, 1947, war Levis Autobiografie *Ist das ein Mensch?* erschienen, in dem er von seiner Haft in Auschwitz berichtet. Die Gesellschaft Deutscher Chemiker und die Società Chimica Italiana vergeben seit 2017 den Primo-Levi-Preis für Chemiker, die sich um die Menschenrechte verdient gemacht haben.

Das egoistische Gen

Originaltitel: The Selfish Gene
Autor: Richard Dawkins
Datierung: 1976 (Originalausgabe),
   1978 (deutsche Ausgabe)
Fach: Biologie
Thema: Evolution

Darum geht es: Der britische Biologe Richard Dawkins (*1941) betrachtet die Evolution des Menschen neu. Speziell im Blick hat er die Biologie des Egoismus, also des Handelns zum eigenen Vorteil, und des Altruismus, als des selbstlosen Denkens und Handelns. Lange war die Lehre verbreitet, dass sich Verhaltensweisen in der Evolution durchsetzen, wenn sie der Erhaltung der Art dienen. Tiere zeigen demnach zum Beispiel altruistisches Verhalten, indem sie sich zum Wohl ihrer Art opfern. Verhaltensweisen, die dem widersprechen, wie etwa das Töten von Jungtieren der eigenen Art, galten als unnatürlich. Mitte der 1960er Jahre verbreitete sich dagegen unter Forschern die Idee, dass nicht die Art, sondern das Individuum die Grundeinheit der Evolution sei.

Dawkins geht noch einen Schritt weiter. Er ist überzeugt, dass nicht die Individuen im Kampf um Ressourcen die Grundeinheit der Evolution sind, sondern die Gene, unsere Erbanlagen, gespeichert in der DNS. Bei Lebewesen, die sich sexuell vermehren, werden nicht komplette genetische Sätze an die nächste Generation weitergegeben, also die Erbinformationen ganzer Individuen, sondern eine Auswahl ihrer Gene. Insofern besteht, erklärt Dawkins, eine Konkurrenz unter den Genen darum, welches sich in der nächsten Generation durchsetzt. Erfolgreich seien jene, die ihre Verbreitung »egoistisch« auf Kosten anderer Gene vergrößern. Dawkins sieht die Entwicklung des Lebens als Selektion der Gene, die die meisten Kopien von sich anfertigen konnten. Pflanzen, Tiere und Menschen sind für sie nur »Überlebensmaschinen«, wie er es nennt. Auch menschliches Verhalten folgt für Dawkins einer solchen genetischen Bestimmung: Die altruistische Hilfe unter Verwandten zum Beispiel wird durch das egoistische Gen angetrieben. Rettet man etwa zwei Verwandte, mit denen man 50 Prozent der Erbanlagen teilt, unter Einsatz des eigenen Lebens, so hätte das Gen die gleiche Chance, sich weiterzuverbreiten.

Warum man es kennen muss: Dawkins' Konzeption des egoistischen Gens hat den Blick auf die Evolution revolutioniert, indem er den »Lebenstrieb« (um es mit Sigmund Freud zu sagen) weg vom Individuum, sei es Mensch oder Tier, hin auf die Gene lenkt. Dem Menschen kommt in Dawkins' Konzeption noch eine Sonderrolle zu, weil er sich dem Primat der Gene kraft seines höheren Bewusstseins entgegenstellen kann. Dennoch kann eine Erinnerung daran, dass wir Menschen längst nicht so sehr die Herrscher unserer Welt sind, wie wir es gerne glauben, nicht schaden.

Dawkins führte in seinem Buch auch den Begriff Mem in die Debatte ein, das als eine Informationseinheit eine Art Gegenstück zum Gen in der Ideengeschichte bildet, ebenfalls »vererbbar« und Mutationen unterliegend – eine Idee, die viel Anlass zu produktiver Auseinandersetzung gegeben hat.

Die Macht der Computer und die Ohnmacht der Vernunft

Originaltitel: Computer Power and Human Reason: From Judgment to Calculation

Autor: Joseph Weizenbaum

Datierung: 1976 (deutsche Ausgabe 1977)

Fach: Informatik/Sozialkunde/Philosophie

Thema: Informatik und Gesellschaft

Darum geht es: »In diesem Buch geht es nur vordergründig um Computer«, stellt Joseph Weizenbaum (1923–2008) gleich im Vorwort von *Die Macht der Computer* klar. Aber zunächst erklärt er dessen grundlegende Funktionsweise auch für Laien verständlich. Er macht den Leser mit seinem legendären Sprachanalyse-Programm *Eliza* bekannt. Eine Variante von *Eliza* simuliert, besser gesagt: karikiert das Gespräch eines Psychotherapeuten mit einem Patienten. Nachdenklich wurde Weizenbaum, als Studenten sich dem Programm tatsächlich wie einem Therapeuten anvertrauten und echte Therapeuten die Idee hatten, mithilfe eines weiterentwickelten Programms die Therapie zu automatisieren. Ausgehend davon beschreibt er den gefährlichen Größenwahn einiger Naturwissenschaftler und Ingenieure, die glaubten, einen künstlichen Menschen herstellen zu können. Er erläutert den Unterschied zwischen natürlichen Sprachen und Programmiersprachen und die Tücken der Künstlichen Intelligenz. Zum Schluss kritisiert er den »Imperialismus der instrumentellen Vernunft«, also einer Vernunft, die nur über die Mittel, nicht jedoch über die Ziele naturwissenschaftlicher und technischer Neuerungen nachdenkt, und setzt dagegen »die Einführung eines ethischen Denkens in die naturwissenschaftliche Planung«, denn die Entwicklung der Technik sei nicht zwangsläufig, sondern der Mensch habe immer wieder die Wahl.

Warum man es kennen muss: Weizenbaums Buch ist der Klassiker unter den Schriften, die sich kritisch mit der Wechselwirkung zwischen den Computern und der menschlichen Gesellschaft befassen. Dabei ist Weizenbaum kein Maschinenstürmer, sondern schöpft seine Autorität daraus, dass er selber ein erfolgreicher Professor für Computerwissenschaft am weltberühmten Massachusetts Institute of Technology (MIT) war. Auch wenn das Buch für das schnelllebige Computerzeitalter schon recht alt ist, öffnet es die Augen für die Chancen, die Risiken und die Grenzen der Digitalisierung und für die Verantwortung des Menschen bei diesen Entwicklungen, weil es sehr grundsätzliche und noch immer nicht hinreichend beantwortete Fragen stellt. Die 369 Seiten der deutschen Übersetzung sollten einen nicht abschrecken: Das Buch ist anschaulich geschrieben, mit vielen praktischen Beispielen, und Weizenbaum gibt selbst Tipps zum Abkürzen der Lektüre.

Sie belieben wohl zu scherzen, Mr. Feynman!
Abenteuer eines neugierigen Physikers

Originaltitel: »Surely You're Joking, Mr. Feynman!«:
  Adventures of a Curious Character
Autor: Richard P. Feynman
Datierung: 1985 (deutsche Ausgabe 1987)
Fach: Physik
Thema: Geschichte/Soziologie der Physik

Darum geht es: *Sie belieben wohl zu scherzen, Mr. Feynman!* ist eine Sammlung aus Geschichten, die der theoretische Physiker Richard Feynman (1918–1988) über die Jahre einem Bekannten erzählt hat, mit dem er zusammen Schlagzeug spielte. Es geht auch ein bisschen um Physik, vor allem aber um kuriose Erlebnisse und unkonventionelle Einsichten eines der bedeutendsten theoretischen Physiker seiner Zeit. Der Leser erfährt, wie er schon als Junge Radios repariert hat und immer wissen wollte, wie Sachen funktionieren; wie er mit einer genialen Methode, Bohnen zu schneiden, scheiterte und früh lernte, wie schwierig es ist, Innovationen durchzusetzen. Aber auch, wie er als junger Doktorand für das »Manhattan-Projekt«, die Entwicklung einer amerikanischen Atombombe, angeworben wurde. Und wie er auf dem Forschungsgelände bei Los Alamos die Sicherheitskräfte dadurch zur Verzweiflung brachte, dass er das Gelände morgens immer durch ein Loch im Zaun betrat und abends durch den normalen Ausgang verließ. Dort lernte er auch die technischen und psychologischen Tricks, Safes mit Geheimakten zu knacken. Man erfährt, wie er beim Karneval in Rio in einer Sambagruppe als

Trommler mitgelaufen ist; wie er in Las Vegas in Shows und Bars unterwegs war, aber nicht gespielt hat, weil er sich die Gewinnwahrscheinlichkeiten ausrechnen konnte. Er trinkt und hört wieder auf zu trinken, raucht Marihuana und will wissen, was passiert, wenn er einschläft.

Warum man es kennen muss: So unkonventionelle und mitreißende Menschen können Top-Wissenschaftler sein! Feynman versteht zu erzählen und zu unterhalten, er verbindet Erinnerungen und physikalische Beobachtungen, intellektuelle Leichtfüßigkeit und eine fast kindliche Neugier. Und zugleich war er angesehener und sehr produktiver Physiker: Feynman hat nicht nur an der Entwicklung der Atombombe mitgewirkt, sondern 1965 (zusammen mit Shin'ichirō Tomonaga und Julian Schwinger) den Physiknobelpreis für seine Arbeit zur Quantenfeldelektrodynamik erhalten. Bekannt sind auch seine *Feynman Lectures*: Der leidenschaftliche Bongo-Spieler hielt Anfang der 1960er Jahre die Einführungsvorlesungen für Physik am Caltech (California Institute of Technology). Feynman steht wie wohl wenige andere für die Kombination von höchstem wissenschaftlichem Anspruch und einem großen didaktischen Talent: Wer bereit ist, sich für Physik begeistern zu lassen, sollte sich Feynman anvertrauen.

Das Ziegenproblem
Denken in Wahrscheinlichkeiten

Autor: Gero von Randow
Datierung: 1992
Fach: Mathematik
Thema: Wahrscheinlichkeitsrechnung

Darum geht es: Ausgangspunkt ist das verblüffende »Ziegenproblem«: In einer Fernseh-Quizshow winkt als Preis ein Auto. Es steht hinter einer von drei geschlossenen Türen; hinter den anderen beiden Türen steht je eine Ziege. Der Kandidat wählt nun die Tür aus, hinter der er das Auto vermutet. Die Tür bleibt zunächst geschlossen. Der Moderator, der weiß, hinter welcher Tür das Auto steht, öffnet daraufhin eine der beiden anderen Türen; hinter der steht eine Ziege. Der Kandidat darf nun noch einmal wählen: Bleibt er bei seiner ersten Wahl, oder wählt er die andere geschlossene Tür? Ist es nun klüger zu wechseln, oder ist es einerlei?

Intuitiv denken die meisten Menschen, dass es gleich sei, für welche der beiden Türen sich der Kandidat entscheidet. Tatsächlich aber steigt die Gewinnwahrscheinlichkeit beträchtlich, wenn der Kandidat noch einmal wechselt. Anhand dieses Beispiels – und verwandter Phänomene – erklärt der Wissenschaftsjournalist von Randow die Grundlagen und die Tücken der Wahrscheinlichkeitstheorie, genauso tiefschürfend wie unterhaltsam.

Warum man es kennen muss: Wahrscheinlichkeitsrechnung, dieses beeindruckende Zusammentreffen von Zufall und Berechenbarkeit, ist vielen fremd. In den Pisa-Studien etwa schneiden die deutschen Schüler in diesem Teilgebiet der Mathematik (dort »Unsicherheit und Daten« genannt) regelmäßig nicht so gut ab wie auf anderen Feldern. Von Randow zeigt ausführlich und mit großem Wiedererkennungswert die Denkfehler, die dem Menschen bei der Analyse von Wahrscheinlichkeiten im Weg stehen. Das ist wichtig, denn die Wahrscheinlichkeitstheorie ist von großer Bedeutung: Keine Natur- oder Sozialwissenschaft kann ohne sie ernsthaft betrieben werden. Und viele ihrer Ergebnisse nehmen Einfluss auf die Politik und auf das Leben der Menschen, wenn Forscher etwa Wetter- und Klimavorhersagen erstellen, die Zuverlässigkeit technischer Systeme (zum Beispiel von Atomkraftwerken) berechnen oder Wahlergebnisse prognostizieren. Es gibt eine Reihe von Lehrbüchern zu diesem Thema, aber keines kommt so kurzweilig daher wie dieser schmale Band.

Unser ökologischer Fußabdruck

Originaltitel: Our Ecological Footprint: Reducing Human Impact on the Earth
Autoren: Mathis Wackernagel / William Rees
Datierung: 1996 (deutsche Ausgabe 1997)
Fach: Biologie
Thema: Ökologie und Nachhaltigkeit

Darum geht es: Der ökologische Fußabdruck ist ein von den beiden Autoren entwickeltes Konzept, mit dem man den Naturverbrauch der Menschheit messen kann. Das Ziel ihres Konzeptes und des gleichnamigen Buches ist es, diesen

Verbrauch zu senken, damit auch die folgenden Generationen genug Ressourcen zum Leben haben. Dazu werden die Energie- und Materialflüsse in einer Wirtschaftseinheit geschätzt und in Wasser- und Landflächen umgerechnet, die nötig sind, um diese Flüsse aufrechtzuerhalten. Am Beispiel einer Stadt (Rees und Wackernagel arbeiten wissenschaftlich zu Stadt- und Regionalplanung) illustrieren sie das: Deckt man die Stadt mit einer Plexiglaskuppel ab, so ist sie nicht lebensfähig, weil sie von lebenswichtigen Material- und Energieströmen sowie Möglichkeiten der Abfallentsorgung abgeschnitten ist. Bezieht man nun die die Stadt umgebenden Ackerflächen, Weiden und Wälder, die zum Überleben der Stadtbewohner nötig sind, mit ein, so zeigt sich eben der ökologische Fußabdruck der Stadt. Das Beispiel veranschaulicht, wie viel Land- und Wasserflächen nötig sind, um die wirtschaftliche und soziale Aktivität aufrechtzuerhalten. Die Autoren stellen eine Formel vor, mit der sich dieser Fußabdruck berechnen lässt. Am Beispiel etwa von Deutschland, Österreich, der Schweiz und Kanada führen sie Musterberechnungen durch und stellen fest, dass diese Länder auf »zu großem Fuß« leben. Kritik, dass ihre Formel zu einfach sei, kontern Wackernagel und Rees damit, dass Einfachheit eine Tugend sei und zum Beispiel die Körpertemperatur ja auch einen wichtigen Indikator für den Gesundheitszustand darstellt.

Warum man es kennen muss: Auch wenn der Begriff Nachhaltigkeit mittlerweile einen gewissen Überdruss hervorruft, steht er doch für ein wichtiges Prinzip: nur so viel zu verbrauchen, dass sich die Ressourcen regenerieren können. Damit das gelingt, brauchen wir handhabbare Konzepte, um das richtige Maß zu finden. Der ökologische Fußabdruck hat sich hier als ein sehr einleuchtendes und konkretes Bild erwiesen. Bei dessen heutiger Verwendung wird nicht immer die ursprüngliche Definition mitgedacht, und die Berechnungsmethoden mögen sich weiterentwickelt haben, aber Wackernagel und Rees kommt das Verdienst zu, einen essenziellen ökologischen Zusammenhang sehr einprägsam zusammengefasst zu haben.

Der Zahlenteufel

Autor: Hans Magnus Enzensberger
Datierung: 1997
Fach: Mathematik
Themen: Der Zauber der Zahlen

Darum geht es: Der Dichter Hans Magnus Enzensberger (*1929) nennt seinen *Zahlenteufel* ein »Kopfkissenbuch für alle, die Angst vor der Mathematik haben«. Es kommt als Kinderbuch daher, bietet aber eine verständliche, ebenso amüsante wie tiefgründige Einführung in Grundthemen der Mathematik. Protagonist ist der Schüler Robert. Er hasst die Mathematik, weil sein Lehrer Dr. Bockel ihn mit langweiligen Rechenaufgaben quält. In zwölf Nächten begegnet Robert der Zahlenteufel im Traum. Er beruhigt ihn, indem er erklärt: »Die meisten richtigen Mathematiker können gar nicht rechnen. Außerdem ist ihnen die Zeit dafür zu schade.« In der ersten Nacht dreht sich dann alles um die Zahl und um die Ziffer Eins und Kombinationen aus ihr. Weiter geht es in den nächsten Nächten mit den komplizierten und unhandlichen römischen Zahlen, der Null und unserem Dezimalsystem, mit Primzahlen, Wurzeln, Quadratzahlen, der Fibonacci-Folge, dem Pascal'schen Dreieck, rationalen Zahlen, imaginären Zahlen und Vielecken. In der letzten Nacht lädt der Zahlenteufel Robert in den Zahlenhimmel, wo er die Größen der Mathematikgeschichte kennenlernt und schließlich zum Zahlenteufel 5. Klasse ernannt wird. Zum Schluss kann Robert zum Erstaunen von Dr. Bockel mit einem pfiffigen Lösungsweg im Mathematikunterricht glänzen.

Warum man es kennen muss: Es gibt kein besseres Buch für absolute Laien, um einen Einstieg in grundlegende Konzepte der Mathematik zu finden. Gleichzeitig vermittelt Hans Magnus Enzensberger überzeugend den Zauber, die Ästhetik, ja auch den Witz der Mathematik. Unterstützt wird das durch zugleich instruktive und unterhaltsame Illustrationen von Rotraut Susanne Berner. Im Gegensatz zu den Einführungen von Mathematikern profitiert das Buch (und damit der Leser) vom Blickwinkel des mathematikinteressierten Literaten und von seiner Fabulierkunst. Enzensberger sieht sein Buch auch bewusst als »Arbeit an einer Kultur, die sich durch profundes mathematisches Nichtwissen auszeichnet«. Ein Traum von Mathematik.

Arm und Reich. Die Schicksale
menschlicher Gesellschaften

Originaltitel: Guns, Germs, and Steel. The Fates of
Human Societies
Autor: Jared Diamond
Datierung: 1997 (deutsche Übersetzung 1998)
Fach: Geografie/Biologie
Thema: Klimawandel/Evolution/Anthropologie

Darum geht es: Der amerikanische Biologe Jared Diamond (*1937) geht der Frage nach, warum sich menschliche Gesellschaften in den verschiedenen Regionen der
Erde so unterschiedlich entwickelt haben, obwohl sie vor
Tausenden von Jahren allesamt als Jäger und Sammler leb-
ten. Oder kürzer: Warum sind die eurasischen Völker im
Vergleich zu anderen Völkern in der Weltgeschichte so
erfolgreich? Seine Haupterkenntnis lautet, dass dies keinesfalls mit den vermeintlichen Stärken und Schwächen
unterschiedlicher »Rassen« zusammenhängt. Vielmehr
hätten die klimatischen und geografischen Voraussetzun-
gen, die spezifische Flora und Fauna ihrer Kontinente den
Eurasiern einen uneinholbaren Standortvorteil beschert.
Hätte man vor 13000 Jahren die Völker Australiens und
Eurasiens ausgetauscht, hätte das den Lauf der Entwicklung kaum verändert.

Diamond erklärt, wie in Mesopotamien Ackerbau und
Viehzucht entstehen konnten, weil das Klima gemäßigt
war sowie domestizierbare Wildpflanzen und Säugetie-
re vorhanden waren. Sie bilden die Grundlage für einen
Nahrungsmittelüberschuss, für Bevölkerungswachstum,
letztlich für die Entstehung von Städten, komplexen politischen Systemen und überlegener Waffentechnik. Diese

Errungenschaften konnten sich nach Europa und Asien ausbreiten, weil dort das Klima günstig war und ihnen keine geografischen Barrieren entgegenstanden. Zudem entwickelten die Eurasier durch das Zusammenleben mit Haustieren Resistenzen gegen Seuchen, die zum Beispiel nach der Eroberung Lateinamerikas die indigenen Völker in Massen dahinrafften. In Nordamerika, Afrika und Australien fehlten domestizierbare Tiere, außerdem verhinderten dort natürliche Barrieren wie Wüsten, Tropenzonen und Gebirgsmassive die Ausbreitung kultivierbarer Pflanzen.

Warum man es kennen muss: Diamond kann deswegen eine mitreißende Geschichte der Menschheit schreiben, weil er, was selten ist, unterschiedliche wissenschaftliche Ansätze verknüpft: Genetik und Geografie, Kulturgeschichte und Epidemiologie, Anthropologie und Politik. 1998 erhielt er für sein Buch den Pulitzer-Preis. Auch Wirtschaftsbosse wie der Microsoft-Gründer Bill Gates sind von dem Buch beeindruckt, weil Diamond brillant beschreibe, wie zufällige Vorteile zu »Erfolgen in einem hochkompetitiven Umfeld« führten. Jareds Ansatz des geografischen Determinismus reicht allein nicht aus, die komplexe Entwicklung der Menschheit zu erklären. Aber er führt uns vor Augen, dass ihr Verlauf auch von Faktoren abhängt, auf die der Mensch wenig Einfluss hat: Wir sind alle nicht nur Kinder unserer Zeit, sondern auch unserer Orte und unseres Klimas.

Roboter. Unsere nächsten Verwandten

Autor: Gero von Randow
Datierung: 1997
Fach: Informatik/Politik
Thema: Robotik/Künstliche Intelligenz

Darum geht es: Gero von Randow erklärt in einer für den Laien verständlichen Sprache die Grundlagen der Robotik und der Künstlichen Intelligenz. Er berichtet aus der Geschichte der Kunstwesen und über frühe Reaktionen auf sie. Anhand der künstlichen Glieder und Gelenke und der unterschiedlichen Antriebsweisen nähert er sich der Frage, was ein Roboter überhaupt ist. Man lernt Miniroboter kennen, Industrieroboter, Bauroboter und Serviceroboter, auch solche, die bei Unfällen in Atomkraftwerken eingesetzt werden oder die für den militärischen Einsatz entwickelt wurden.

Man lernt etwas über die Steuerung und Bewegung der neuartigen Maschinen und bekommt einen Einblick in die vielen Dimensionen der umstrittenen Künstlichen Intelligenz. Von Randow geht es um das Zusammenleben des Menschen mit den Maschinen und ebenso um das Zusammenwirken von Robotern untereinander. Schließlich spekuliert von Randow darüber, ob und mit welchen Folgen sich die Roboter verselbständigen werden: Er hält es für denkbar, dass sie sich selbst umbauen, vermehren und in eine Evolution eintreten.

Roboter enthält die Technik betreffende Beschreibungen und Überlegungen genauso wie philosophische, soziologische und politische Reflexionen. Dabei sieht der Autor die Roboter als »Kinder unseres Geistes«, die unsere Vorstellungen über die Natur von Lebewesen widerspiegeln, und damit als »unsere nächsten Verwandten«. Indem dem Menschen die Erschaffung dieser Kunstwesen gelingt, definiert er die Stellung des Menschen in der Welt neu.

Warum man es kennen muss: Die Robotik hat seit dem Erscheinen des Buchs enorme Fortschritte gemacht, aber es gibt bislang kein anderes Grundlagenwerk, das besser das Wesen dieser noch recht jungen interdisziplinären Wissenschaft skizziert, als dieses. Unser Alltag wird bereits heute und sicher in Zukunft noch sehr viel mehr von Künstlicher Intelligenz beeinflusst und geprägt. Man denke etwa an die aktuelle Diskussion darüber, ob intelligente Maschinen den Menschen die Arbeit wegnehmen. Insofern darf man das Feld nicht den Spezialisten überlassen, sondern muss sich selbst ein wenig auskennen.

Dinosaurier. Im Reich der Giganten

Originaltitel: Walking with Dinosaurs
Regie: Tim Haines / Jasper James
Datierung: 1999 (auch Erstausstrahlung in Deutschland)
Fach: Biologie
Themen: Dinosaurier

Darum geht es: Die sechsteilige Serie der BBC zeigt das Leben der Dinosaurier und anderer Reptilien des Erdmittelalters von ihren Anfängen bis zum Untergang wohl infolge eines Meteoriteneinschlags vor rund 66 Millionen Jahren. In die echten Landschaftsaufnahmen wurden die computeranimierten Tiere eingefügt, was eine zuvor nicht erreichte realistische Anmutung ermöglichte.

Während der Trias, vor etwa 235 Millionen Jahren, entwickelten sich zunächst kleine, wendige Dinosaurier. Später beherrschten Sauropoden, gigantische, langhalsige Pflanzenfresser, die Erde. Ein Teil der Serie zeigt einen von ihnen vom Schlüpfen aus dem Ei bis zum Kampf um Nahrung und gegen allgegenwärtige Fressfeinde. Zunächst bietet der Wald Schutz, später schließt sich das heranwachsende Tier einer Herde an, erlebt die Brunft- und Paarungszeit der tonnenschweren Riesen und den Angriff von Raubsauriern. Man lernt den größten Fleischfresser des Planeten kennen, ein 25 Meter langes Meeresreptil und einen Flugsaurier mit bis zu 13 Metern Flügelspannweite. Der riesige Tyrannosaurus herrscht von vor etwa 120 Millionen Jahren bis zum Ende der »schrecklichen Echsen« über die Ebenen voller Herden kleinerer Saurierarten. Doch auch die Aufzucht seiner eigenen Nachkommen ist nicht ohne Gefahren. Schließlich erscheint ein grelles Licht am Horizont. Ein großer Meteorit ist in die Erde eingeschlagen, eine Wolkendecke verdunkelt die Sonne – das Ende der Dinosaurier.

Warum man es kennen muss: Dinosaurier, unter ihnen die größten Landlebewesen aller Zeiten, üben immer wieder eine große Faszination aus, und so widmen sich zahllose Bücher und Filme den Urzeitgiganten. Die BBC-Serie gilt als bisher erfolgreichste Dokumentation über Dinosaurier und ist eine der teuersten Dokumentarfilmserien der Fernsehgeschichte. Sie orientierte sich am aktuellen Erkenntnisstand der Paläontologie. Mit zahlreichen Specials sowie einer gleichnamigen Wanderausstellung beeinflusst die Serie das Bild der Dinosaurier bis heute. Zugleich macht die

Beschäftigung mit den Dinosauriern demütig: 300 000 Jahre mag die Menschheit alt sein – nicht viel im Vergleich zu der Zeit, in der Saurierschritte das Land erschütterten.

 ## Onkel Wolfram. Erinnerungen

Originaltitel: Uncle Tungsten. Memories of a Chemical Boyhood
Autor: Oliver Sacks
Datierung: 2001 (deutsche Ausgabe 2002)
Fach: Chemie
Thema: Chemische Elemente und Experimente

Darum geht es: Das Buch ist eigentlich die Autobiografie des berühmten Neurologen Oliver Sacks (1933–2015), aber man kann es auch als lebendige, sehr persönliche Einführung in die Chemie lesen.

Sacks wächst in London in einer Großfamilie begeisterter Wissenschaftler auf. Seine Eltern und Verwandten erklären ihm geduldig die Wunder dieser Welt, und der junge Oliver taucht ein in die Welt der Chemie. Als er zehn ist, richten ihm seine Eltern in einer alten Wäschekammer ein kleines Labor ein. An der Wand hängt das Periodensystem der Elemente. Der Lärm von Explosionen und ekelhafte Gerüche ziehen fortan durchs Haus. Sein Onkel Wolfram, der Titelheld des Buches, Chemiker und Glühbirnenhersteller, weiht ihn in die Welt der Metalle ein. »Nichts auf der Welt fühlt sich an wie gesintertes Wolfram«, sagte der etwa gern, oder: »Der Klang von Wolfram ist unvergleichlich.« Ein anderer Onkel lehrt ihn die Spektroskopie, mit der man chemische Stoffe untersuchen kann. Stundenlang experimentiert der junge Sacks nach der Anleitung alter Bücher. Er sucht nach Gesetzmäßigkeiten in den Reaktionen der Elemente und berauscht sich an Farbspielen. Edelgase faszinieren ihn genauso wie Spektren und Atommodelle. Er erinnert sich an Chemiker als Helden seiner Kindheit und reflektiert über Elemente, Radioaktivität und Fotografie.

Eines Tages stoppt sein Vater seine Leidenschaft für die Chemie mit einem erbarmungslosen »Schluss jetzt mit dem Thallium!«. In den Augen der Eltern ist die Zeit der naturwissenschaftlichen Spielereien vorbei, der Junge soll der Familientradition folgend Arzt werden. Und so schildert Sacks gegen Ende des Buches seine Abwendung von der Chemie als Ende einer Liebe, die einer medizinischen Laufbahn den Weg öffnet.

Warum man es kennen muss: Selten ist so poetisch, liebevoll, ja romantisch über Chemie geschrieben worden wie in diesem Buch. Chemische Elemente werden mit Namen und Gefühlen in Verbindung gebracht, werden regelrecht zu Individuen. Wer der vermeintlich nüchternen Naturwissenschaft der Stoffe auf diese Art begegnet, der wird gewahr, dass das Wahre, Gute und Schöne kein Privileg der Künste und der Geisteswissenschaften ist.

 Eine unbequeme Wahrheit

Originaltitel: An Inconvenient Truth
Regie: Davis Guggenheim
Datierung: 2006
Fach: Biologie / Physik / Chemie
Thema: Klimawandel

Darum geht es: Der Dokumentarfilm zeigt Vorträge des ehemaligen US-Vizepräsidenten Al Gore über die Gefahren der globalen Erwärmung, illustriert durch beindruckende Fotos, Schaubilder und Filmaufnahmen aus vielen Teilen der Welt. Gore erzählt, wie er durch die Forschungen seines Hochschullehrers Roger Revelle auf den dramatischen Anstieg des Kohlendioxidanteils in der Atmosphäre aufmerksam wurde. Durch die Erderwärmung abschmelzende Gletscher rund um die Erde werden gezeigt; Lastwagen, die im aufgetauten ehemaligen Permafrostboden stecken bleiben; sich ausbreitende Insekten, die Wälder zerstören und Krankheiten verbreiten. Gore weist auf den großen Anteil, den die USA am Klimawandel haben, genauso hin wie auf den wachsenden Energiehunger Chinas.

Als die drei Hauptgefahren benennt er die explosionsartig wachsende Weltbevölkerung, den Widerspruch zwischen neuer Technik und alten Gewohnheiten und die Unfähigkeit des Menschen, langsam wachsende Gefahren rechtzeitig wahrzunehmen. Gore sieht die wissenschaftliche Welt einig in der grundlegenden Einschätzung des weltweiten Klimawandels. Und er zeigt am Beispiel des Ozonlochs, dass die Weltgemeinschaft in der Lage ist, auch komplexe Umweltprobleme zu lösen. Zum Schluss erklärt der ehemalige Präsidentschaftskandidat den Kampf gegen den Klimawandel nicht nur zur politischen, sondern auch zur moralischen Pflicht gegenüber den kommenden Generationen.

Warum man es kennen muss: Gerade erst haben Risikoexperten aus aller Welt im *Global Risks Report* den Klimawandel und die dadurch ausgelösten Migrationsströme zur größten Gefahr für die Menschheit erklärt. Der Oscarprämierte Film *Eine unbequeme Wahrheit* zeigt diese Gefahr eindringlich. Dabei ist er unterhaltsam und leicht verständlich. Sicher, er hat viel von einem Agitprop-Film, aber das Thema ist wichtig, und Al Gore argumentiert, nicht in jedem Detail, aber im Großen und Ganzen, auf Basis des aktuellen Stands der Wissenschaft. Gemeinsam mit dem Weltklimarat IPPC erhielt Al Gore 2007 für seinen umweltpolitischen Kampf den Friedensnobelpreis.

 ## Brennstoffzelle

Regie: Sabine Ennulath
Datierung: 2009
Fach: Physik / Chemie / Technik
Thema: Brennstoffzelle

Darum geht es: Der kurze Film aus der *Sendung mit der Maus* zeigt, wie ein Auto tatsächlich mit Wasser angetrieben werden kann, genauer mit seinem Hauptbestandteil Wasserstoff. Der *Maus*-Moderator Christoph erklärt das an einem Modell. Ein Wassermolekül besteht aus einem Sauerstoffatom und zwei Wasserstoffatomen. Wenn man dem

Wasser elektrischen Strom zuführt – Christoph zeigt das an einer chemischen Apparatur –, kann man es in seine Bestandteile zerlegen. Es entsteht Sauerstoff- und Wasserstoffgas. Hält man ein Feuerzeug an das Röhrchen, das Wasserstoff enthält, kommt es zu einer kleinen Explosion. Das zeigt die Kraft, die im Wasserstoff steckt. Mit einer sogenannten Brennstoffzelle kann man sich diese frei werdende Energie zunutze machen, wie Christoph an einem anderen Modell demonstriert. In der Brennstoffzelle befindet sich eine Membran, ein extrem feines Sieb. Die Membran ist so fein, dass ein ganzes Wasserstoffatom sie nicht passieren kann. Leitet man nun Wasserstoff in die Brennstoffzelle ein, dann können die Atomkerne die Membran passieren, die Elektronen trennen sich und nehmen einen Umweg. Dadurch entsteht ein Elektronenfluss, also Strom. Schließlich vereinigen sich Atome und Elektronen wieder zu Wasserstoff, zusammen mit Sauerstoff aus der Luft entsteht als »Abgas« Wasserdampf. Dass sich dieses Verfahren wirklich als Antrieb eignet, wird an einem Modellauto gezeigt.

Warum man es kennen muss: Wasserstoff- und Brennstoffzellentechnik gelten als eine Antriebsart für das Auto der Zukunft. Sie könnten eine Alternative oder Ergänzung zu den leistungs- und reichweitenbeschränkten Elektroautos sein, aber auch im Schiffs- und Schienenverkehr eingesetzt werden. Viele Autokonzerne wie Volkswagen, Toyota, Daimler oder Ford forschen mit staatlicher Förderung an der Entwicklung von Wasserstoff- und Brennstoffzellen-Autos. Mancherorts werden städtische Busse mit Wasserstoffantrieben ausgerüstet. Noch fehlt allerdings ein flächendeckendes Netz von Wasserstofftankstellen, ohne die der Einsatz in größerem Maßstab nicht möglich ist.

Der *Maus*-Film erklärt das Grundprinzip der Brennstoffzellentechnik für jedermann verständlich, sodass diese Zukunftstechnologie für Alt und Jung begreifbar wird.

◻️ Einer von uns: Der Homo sapiens

Originaltitel: First Peoples
Regie: Tim Lambert / Nicolas Brown
Datierung: 2015 (amerikanische und deutsche
    Erstausstrahlung)
Fach: Biologie
Themen: Evolution des Menschen

Darum geht es: Die fünfteilige Reihe der amerikanischen TV-Senderkette PBS und des TV-Kultursenders arte zeigt, wie sich Homo sapiens, der moderne Mensch, seit 200 000 (neueste Forschungen reden von 300 000) Jahren entwickelte und auf der ganzen Erde ausbreitete. Sein Weg beginnt in Afrika, nicht umsonst als »Wiege der Menschheit« bezeichnet, dann wird die Ausbreitung des Homo sapiens nach Europa geschildert. Seine Entwicklung in Australien wird erklärt, und Hohlenmalereien, die dort gefunden wurden, öffnen den Blick für das Bedürfnis der menschlichen Spezies nach Spiritualität. Ausführlich werden die Neandertaler und andere nahe Verwandte des Menschen vorgestellt, wobei zugleich der Mythos hinterfragt wird, dass sich unsere Gattung unabhängig von ihnen entwickelt habe. Schließlich wird die komplizierte Besiedelungsgeschichte Amerikas dargestellt.

Die beeindruckenden Filmaufnahmen zeigen unter anderem die Unterwasserhöhlen von Yucatan, das australische Outback und den Himalaja. An jedem Schauplatz präsentieren Wissenschaftler ihre neuen Funde und wissen von überraschenden Erkenntnissen zu berichten. Sogar aus Fossilien kann noch hochwertige DNS gewonnen werden, die wertvolle Neuigkeiten über die Geschichte der Menschheit liefern kann. Deutlich wird so auch, wie sich so unterschiedliche Methoden wie die der Genforschung und die der grabenden Paläoanthropologen gegenseitig beflügeln.

Warum man es kennen muss: Die TV-Dokumentation trägt in eindrucksvollen Bildern und erhellenden Kommentaren zusammen, was die moderne archäologisch-anthropologische Wissenschaft über die Entwicklungsgeschichte des Menschen weiß. Trotz aller Vielfalt handelt es sich weltweit um die gleiche Spezies. Dabei ist der Homo sapiens aber eine Patchwork-Art, in dessen Genpool auch Neandertaler, Vertreter des Homo erectus und andere frühzeitliche Unterarten der Gattung Homo ihre Spuren hinterlassen haben, wie auch die Forschungen des Paläogenetikers Svante Pääbo bewiesen haben. »Bei den Dreharbeiten haben wir festgestellt, dass der menschliche Stammbaum nicht geradlinig ist«, berichtet der Regisseur Tim Lambert. »Er sieht eher aus wie ein Busch mit chaotischem Astwerk und verschlungenen Wurzeln.« Die TV-Dokumentation belegt einmal mehr, dass der Mensch das Kreuzungsergebnis mehrerer Arten ist, die Gemeinsamkeiten und Unterschiede aufweisen – doch unser Genpool ist weitgehend gleich, wir sind alle nahe Verwandte.

Total berechenbar?

Autor: Christoph Drösser
Datierung: 2016
Fach: Informatik/Sozialkunde
Thema: Algorithmen

Darum geht es: Der Wissenschaftsjournalist Christoph Drösser klärt allgemeinverständlich darüber auf, was Algorithmen sind, wie sie funktionieren und wie sie unser Leben beeinflussen. Er betont, dass sein Buch weder ein Manifest gegen die bedrohlichen Algorithmen ist, noch dass es die Segnungen der Computerverfahren bejubelt, ohne ihre Schattenseiten zu sehen. Ausführlich wird Googles *PageRank* erläutert, also die Methode, nach der der Suchmaschinengigant die Ergebnisse einer Internetsuche präsentiert. Man erfährt, wie ein Computer die optimale Route errechnet und woher Amazon und Netflix wissen, welche Bücher oder Filme uns gefallen. Drösser erklärt auch, auf welche Art bei Facebook entschieden wird, was wir aus dem nahezu unbegrenzten Angebot an Meldungen, Bildern und Videos zu sehen bekommen und was nicht oder wie uns Supermarktketten gezielte Werbung unterschieben. Die Algorithmen der Finanzmärkte werden ebenso vorgestellt wie Verschlüsselungsalgorithmen, mit denen wir unsere Privatsphäre schützen können. Die auf den ersten Blick etwas abstrakt wirkende Frage, wie Algorithmen Speicherplatz sparen, ist ebenso ein Thema in Drössers Überblicksdarstellung wie die sehr persönliche, auf welchem Weg Singlebörsen die vermeintlich zueinander passenden Partner zusammenbringen. Zum Schluss präsentiert der Autor acht Thesen zum Verhältnis zwischen Menschen und Algorithmen, unter anderem die hoffnungsfroh stimmende, dass der Mensch in letzter Konsequenz nicht berechenbar sei.

Warum man es kennen muss: Um die – tatsächliche oder vermeintliche – Macht der Algorithmen ranken sich viele Mythen und Legenden. Neben den Bedrohungsszenarien steht die Hoffnung auf die Lösung vieler Probleme. Sicher ist, dass wir künftig mit noch viel intelligenteren Algorithmen konfrontiert werden: Sie werden uns neue Möglichkeiten der Kommunikation, der Warenströme und der Automatisierung eröffnen, aber auch die Gefahr der Überwachung und unmerklichen Verhaltenssteuerung in sich bergen. Daher ist es wichtig zu wissen, wie diese Geschöpfe der Informatik überhaupt funktionieren, um die Souveränität über das eigene Handeln zu behalten. Christoph Drössers Buch liefert dafür die Grundlage und weiß die Materie anhand praktischer Beispiele, die jeder kennt, und sehr anschaulicher Erklärungen so zu gestalten, dass man sich vor einer durchaus unterhaltsamen Entdeckungsreise sieht.

Türen auf: Wie funktioniert ein Elektromotor?

Regie: Peter Lemper
Datierung: 2016
Fach: Physik/Technik
Thema: Elektromotor

Darum geht es: Die *Sendung mit der Maus*-Reporterin besucht einen Betrieb, der Motoren für Fahrstühle herstellt, und erklärt dabei, wie ein Elektromotor funktioniert. Dazu zeigt sie, wie sich unterschiedliche Pole von Magneten anziehen, gleiche sich aber gegenseitig abstoßen. Diese magnetische Abstoßung nutzt man für einen Elektromotor. Wenn man einen Magneten beweglich aufhängt, kann man ihn in Rotation versetzen, indem man einen anderen Magneten so an ihn heranführt, dass die zwei Pole sich gegenseitig abstoßen. Die Bewegung endet aber, wenn sich dann zwei unterschiedliche Pole gegenüberstehen. Um die Bewegung aufrechtzuerhalten, braucht man einen Elektromagneten, der ständig seine Polung ändern kann. Dazu umwickelt man ein Metallstück mit einem Kupferdraht, es entsteht eine sogenannte Spule. Wenn in ihr Strom fließt, etwa indem man die Enden des Drahts an eine Batterie anschließt, dann bildet sich um sie herum ein unsichtbares Magnetfeld – fertig ist der Elektromagnet. Der Vorteil ist nun, dass sich die Polung des Magneten durch Schalten einfach umkehren lässt. Hängt man die Spule beweglich auf und führt einen anderen Magneten an sie heran, so dreht sie sich. Die Drehung hält an, wenn man mithilfe eines Tricks die Stromrichtung in der Spule, und damit deren Polung, ständig umkehrt. Je mehr Magnete man an die Spule hält, desto schneller dreht sie sich.

Warum man es kennen muss: Wir sind in unserem Alltag von Elektromotoren umgeben: Es gibt sie in der Zahnbürste und in Fahrstühlen, im Küchenmixer und im Computerdrucker, in der Waschmaschine und im Handbohrer, im Staubsauger und – mit wachsender Bedeutung – in Elektroautos. Zumindest ein Grundverständnis dieser ubiquitären Technik sollte man haben. Auch wer mit technischen Fragen fremdelt, wird in diesem Kurzfilm aus der *Sendung mit der Maus* eine für jeden verständliche Schritt-für-Schritt-Erklärung finden.

 Die Silicon Valley-Revolution
Wie ein paar Freaks die Welt veränderten

Regie: Jan Tenhaven
Datierung: 2017
Fach: Informatik/Wirtschaft
Themen: Techniksoziologie/-geschichte

Darum geht es: Heute sitzen im kalifornischen Silicon Valley milliardenschwere Weltkonzerne wie Apple, Facebook oder Google – aber wie hat diese Erfolgsgeschichte begonnen? Die Reportage und Dokumentation zeigt die chaotischen, amateurhaften und revolutionären Anfänge der Computer- und Internettechnik. Und sie zeigt die Menschen, die diese technische Revolution auf den Weg brachten: eine bunte Truppe aus Hippies, Bastlern und Geschäftemachern. *Die Silicon Valley-Revolution* führt den Zuschauer an die amerikanische Westküste der 1970er Jahre zurück. Die Personal Computer und das Internet wachsen in einer Welt heran, die von der Flower-Power-Zeit geprägt ist: Folk- und Rockmusik geben den Sound vor; Zen-Buddhismus, Drogen und Weltverbesserungstheorien gehören dazu.

Der Film stellt Pioniere der Computerrevolution vor, Visionäre und Vordenker, die die Welt verändern und das Informationsmonopol des Staates bekämpfen wollten. Sie sind zwar mit ihren Ideen nicht unbedingt reich geworden, aber ohne sie wäre unsere heutige vernetzte Welt nicht möglich. Auch heute ist noch viel von der Leidenschaft und dem Wissensdurst dieser Männer zu spüren, doch bei aller Durchschlagskraft ihrer Arbeit fällt ihre Bilanz durchwachsen aus: Zwar hat der Mensch durch die neue Technik viele neue Möglichkeiten, auch bei der Mitgestaltung seiner Welt und der Demokratisierung der Gesellschaft. Gleichzeitig, konstatieren sie, sind aber riesige, monopolartige Konzerne entstanden, die wieder Angst vor einem *Big Brother* aufkommen lassen, den man ja gerade bekämpfen wollte. Das einst verabscheute Establishment ist in neuer Form wiedererstanden.

Warum man es kennen muss: Dass die Digitalisierung und die Computertechnik das Leben der ganzen Menschheit revolutionieren, ist mittlerweile ein Gemeinplatz. Umso wichtiger ist es, die Entstehungszusammenhänge zu begreifen: Neue Techniken entwickeln sich immer aus einem bestimmten sozialen und politischen Umfeld heraus. Daher reicht der alleinige Blick auf die Technik und die Mathematik nicht, man muss die Menschen hinter den Entwicklungen kennenlernen und ihre Motivationen und ursprünglichen Ziele begreifen. Ein wenig gleichen sie Goethes Zauberlehrlingen, die die Geister, die sie riefen,

nicht mehr loswerden – längst haben sich die ursprünglichen Erfindungen verselbständigt und sind von ihren
Schöpfern nicht mehr zu kontrollieren. Jan Tenhaven
beschreibt das in seiner TV-Dokumentation außerordent-
lich lehrreich und kommt zugleich den Menschen nahe,
die wir im Vergleich zu übermächtigen Gestalten wie Bill
Gates oder Steve Jobs oft vergessen.

Der blaue Planet

Originaltitel: Blue Planet
Regie: Miles Barton, Orla Doherty, Kathryn Jeffs,
   John Ruthven, Jonathan Smith
Datierung: 2017 (deutsche Übersetzung 2018)
Fach: Biologie
Thema: Das Leben in den Weltmeeren

Darum geht es: Die sechsteilige TV-Serie über die Weltmeere zeigt nicht nur in einmaligen Bildern deren Schönheit, sondern berichtet über viele Neuigkeiten und Ende-
ckungen. So zeigt sie in den unterschiedlichen Folgen ein
bisher unbekanntes eigenes Ökosystem auf dem Meeres-
grund, wo es weder Licht noch Sauerstoff gibt, einen neu
entdeckten Unterwasservulkan in Japan, der so groß wie
Großbritannien ist, oder eine ebenfalls zuvor unbekannte Delfinart vor der Küste Australiens. Mit der Serie kann
man durch die Weltmeere reisen, ohne nasse Füße zu bekommen. Auf hoher See nutzen Meeresschildkröten jahrelang Treibholz als Versteck, bis sie geschlechtsreif sind;

eine Makrele katapultiert sich aus dem Wasser, um einen Vogel im Flug zu fangen, und Teufelsrochen bringen winzige Organismen zum Leuchten. Auch Auswirkungen des Klimawandels werden deutlich: Im nördlichen Polarmeer ist im Sommer die Meereseisfläche in den vergangenen dreißig Jahren um vierzig Prozent zurückgegangen.

Man lernt bizarre Tiefseebewohner kennen, etwa Fische, die nicht schwimmen, sondern laufen, und erfährt, wie sich Meeresbewohner in Korallenriffen einrichten. Auf hoher See zeigt eine der Folgen, wie Delfine Laternenfische zusammentreiben, um sie zu fressen, aber auch, wie Plastikmüll selbst in entlegenen Meeresgebieten Tieren den Tod bringt. Man lernt riesige Unterwasser-Tangwälder kennen und Armeen großer Seespinnen. Im letzten Teil macht die Dokumentation einen Schritt an Land und zeigt, wie die Tiere an der Küste mit den ständigen Wechseln an Land und im Meer zurechtkommen müssen.

Warum man es kennen muss: Dieses Kooperationsprojekt von BBC und WDR ist in jeder Hinsicht spektakulär. Während einer Drehzeit von vier Jahren begaben sich die Filmteams auf 125 Expeditionen und verbrachten 6000 Stunden auf Tauchgängen. Die Musik stammt von Hollywood-Legende und Oscar-Preisträger Hans Zimmer, als Erzähler der deutschen Fassung fungiert der als *Tatort*-Kommissar bekannte Schauspieler Axel Milberg. Doch im Zentrum stehen die einmaligen, wirklich atemberaubenden Bilder unseres Planeten, die nicht nur einen beeindruckenden Schauwert besitzen, sondern zugleich Verständnis für die fragile ökologische Vielfalt unserer Ozeane wecken. Wenn *Die Wüste lebt* die Mutter aller Tierdokumentationen ist, dann ist *Der blaue Planet* der lässige Streber unter den Nachkömmlingen.

Dank

Dieses Buch wäre nicht zustande gekommen ohne die Sachkunde, den Spieltrieb und die Hilfsbereitschaft der Kolleginnen und Kollegen der ZEIT-Redaktion sowie externer Berater und Experten. Deshalb danke ich sehr herzlich: Christine Brinck, Stephan Dorgerloh, Christoph Drösser, Julian Hans, Manuel J. Hartung, Uwe J. Heuser, Jens Himmelreich, Jens Jessen, Michael O. R. Kröher, Gero von Randow, Max Rauner, Arnfrid Schenk, Stefan Schmitt, Ulrich Schnabel, Malin Schulz, Andreas Sentker, Heinz-Elmar Tenorth, Elisabeth von Thadden und Özlem Topçu.

Dankbar bin ich auch für die fruchtbaren und angenehmen Diskussionen mit Lothar Dittmer, Martin Meister und Bernd Martin von der Körber-Stiftung – und vor allem für das engagierte, sachkundige und streitlustige Lektorat durch Kerstin Schulz.

Ich habe stark vom Wissen, der Perspektive und auch von den Mahnungen anderer profitiert, mögliche Fehler gehen selbstverständlich allein auf meine Kappe.

Mein besonderer Dank geht an meine Familie, aus Gründen, die jeder kennt, der ein Buch geschrieben hat.

Werkregister

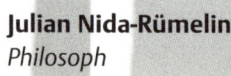

Wolf Lotter
Publizist

WOLF LOTTER

INNOVATION
STREITSCHRIFT FÜR
barrierefreies DENKEN

∞

✕ Edition
  Körber

Wolf Lotter
Innovation
Streitschrift für
barrierefreies Denken

224 Seiten | Gebunden
Euro 18,– (D)
ISBN 978-3-89684-262-6
Auch als E-Book erhältlich.

Foto: Sarah Ester Paulus

»Innovation ist nichts für Feiglinge«

Überall werden innovative Kräfte beschworen: In Wirtschaft,
Technik, Politik und Gesellschaft herrscht eine regelrechte
Innovations-Inflation. In seinem neuen Essay fordert der Publizist
und »brand eins«-Leitartikler Wolf Lotter einen Kulturwandel:
weg vom Etikettenschwindel, hin zu wirklicher Erneuerung,
zur Aktivierung kreativer Ressourcen, mit Mut zu Risiko und
Irrweg. Denn Innovation bedeutet für Lotter die Bereitschaft zu
beständiger Infragestellung und zum Experiment.

www.edition-koerber.de

Körber
Stiftung

Gesellschaft
besser machen